ROBERT A. TAYLOR is a professor of French at the University of Toronto and a member of the faculty of Victoria College.

In *La Littérature occitane* Professor Taylor has resumed in the form of a bibliography all the information normally controlled by a specialist in Old Occitan (Old Provençal) studies. There are close to 900 separate annotated entries, including both the lyric and the non-lyric productions of the Old Occitan writers and their medieval and modern critics. The scope is literary rather than linguistic and the listings are primarily of critical material written since 1950, except where an earlier work is clearly of basic importance. It is both more complete and more up to date than other troubadour or occitan bibliographies, many of which are in any case now unobtainable. It provides basic groundwork for students of Old Occitan and troubadour literature by collecting in one place information which is otherwise widely scattered. It will be of assistance to specialists in the field. It also makes accessible to scholars in related fields a subject which may be unfamiliar to them.

TORONTO MEDIEVAL BIBLIOGRAPHIES 7

General Editor: John Leyerle

Published in Association with
the Centre for Medieval Studies, University of Toronto
by University of Toronto Press

ROBERT A. TAYLOR

La Littérature Occitane du Moyen Age
BIBLIOGRAPHIE SELECTIVE ET CRITIQUE

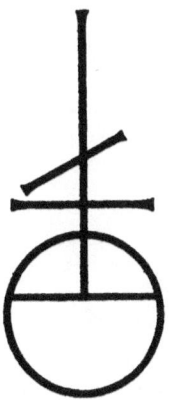

UNIVERSITY OF TORONTO PRESS
Toronto and Buffalo

© University of Toronto Press 1977
Toronto and Buffalo
Printed in Canada
Reprinted in 2018
ISBN 978-1-4875-8251-7 (paper)

Library of Congress Cataloging in Publication Data

Taylor, Robert Allen
    La littérature occitane du Moyen Age

(Toronto medieval bibliographies; 7)

Includes index.
1 Provençal literature — Bibliography.   I Title.   II Series.
Z7033.P8T38   [PC3301]   016.849'.09   77-20895
ISBN 0-8020-5407-2
CN ISSN 0082-5042

Préface de l'Editeur

Les études de la période médiévale se sont généralement regroupées autour des disciplines traditionnelles: histoire, philosophie, littératures française ou anglaise. Mais de plus en plus cette approche se voit complémentée par la recherche interdisciplinaire, laquelle s'efforce d'adapter ses méthodes de travail aux exigences propres à chaque sujet. La différence d'approche peut être exemplifiée par l'étude littéraire d'un Chaucer, poète anglais, d'une part, et, d'autre part, celle d'un Chaucer, fonctionnaire londonien attaché à la cour de Richard II, fasciné par l'univers de Ptolomée aussi bien qu'adepte des littératures latine, française, et italienne. Les études interdisciplinaires tendent à entraîner le lecteur vers des domaines qui lui sont relativement inconnus et au sein desquels il lui est essentiel d'avoir à sa disposition des bibliographies critiques établies avec soin par des experts. Ainsi, le Centre d'Etudes Médiévales de l'Université de Toronto, ayant adopté cette approche interdisciplinaire, a vite reconnu l'importance des bibliographies sélectives. C'est alors pour répondre à un besoin évident que nous avons fondé la collection des Toronto Medieval Bibliographies.

Dans son précieux guide intitulé: *Serial Bibliographies for Medieval Studies*,* Richard H. Rouse présente 283 bulletins bibliographiques. Ce nombre important ne manque pas de souligner l'effort considérable manifeste de nos jours en vue de dresser des listes complètes de travaux qui se rapportent aux études médiévales. Le nombre d'études déjà imprimées est immense. Pour un non-spécialiste, chaque année s'avère de plus en plus déroutante quand il s'agit d'identifier les travaux essentiels. Le lecteur de s'exclamer, avec la foule de *Piers Plowman* à la recherche du chemin de la Vérité: 'Que périlleux serait ce chemin si guide n'avions' (B.vi.I). La collection

---

*Publications of the Centre for Medieval and Renaissance Studies 3, University of California, Los Angeles (Berkeley et Los Angeles 1969)

des Toronto Medieval Bibliographies se donne pour objectif de remplir ce rôle de guide; chaque volume confie à un expert le soin de fournir des directives facilitant l'accès aux études essentielles.

Chaque volume est conçu de façon à satisfaire à trois besoins précis. Il s'agit d'abord de faciliter la tâche pour les novices, ceux par exemple qui se lancent dans l'étude de la littérature celtique médiévale; ensuite, de guider les étudiants plus avancés qui abordent un domaine ne relevant pas essentiellement de leur spécialisation, comme par exemple la rhétorique médiévale ou la vie monastique; enfin de prêter assistance aux bibliothèques récemment créées qui veulent monter une collection de base correspondant à des domaines choisis. Les différents experts ont la liberté d'ordonner la présentation la mieux adaptée à leur sujet, ainsi que d'ajouter, s'ils le désirent, un bref commentaire critique. La priorité est accordée d'abord et avant tout à la clarté et l'utilisation pratique de chaque ouvrage plutôt qu'à l'uniformité de présentation d'un volume à l'autre.

La réimpression de chaque volume de la collection sera effectuée selon la demande pour une période limite de cinq années, après quoi l'auteur sera invité à préparer une édition revisée. Ainsi, les volumes de la collection seront toujours disponibles et constamment remis à jour.

La traduction française de cette préface a été préparée par Robert A. Taylor afin de répondre aux exigences du présent volume intitulé: *La Littérature occitane du moyen âge: bibliographie sélective et critique*.

La publication de ce livre a été subventionnée par le Conseil Canadien de Recherche sur les Humanités. Les fonds ont été fournis par le Conseil des Arts du Canada, auquel nous sommes profondément reconnaissants.

Cambridge, Mass., August 1977

JL

Table des Matières

Préface de l'Editeur v
Préface de l'Auteur xi
Dédicace xv

I
Instruments de Travail
BIBLIOGRAPHIES 3
Bibliographies générales 3
Bibliographies spécialisées 4
Bibliographies périodiques 6
REVUES 7
COLLECTIONS 8
MEMOIRES DE CONGRES, VOLUMES DE MELANGES 8
ANTHOLOGIES 10
DICTIONNAIRES 12
REPERTOIRES 13
GRAMMAIRES 14

II
Etudes de Critique Littéraire
HISTOIRE LITTERAIRE 16
Présentations globales 16
Introductions à la poésie lyrique 17
LA QUESTION DES ORIGINES 19
Présentations globales 19
La théorie arabe 20
La théorie latine 22
La théorie populaire 23

DEFINITION DE L'IDEOLOGIE AMOUREUSE 25
Etudes générales 25
Etudes spécialisées 27
La terminologie de la *fin'amor* 29
ANALYSES DE STYLE ET D'ESTHETIQUE 31
Etudes générales 31
Etudes spécialisées 33
Le problème du *trobar clus* 36
LES GENRES LYRIQUES 37

Etudes générales 37
La *canso* 38
Le *sirventès* 39
La *tenso* et le *partimen* 39
La *pastorela* 40

L'*alba* 41
Le *salut* 42
Le *descort* 42
Le *lai* 43
Le *planh* 43

LA MUSIQUE DES TROUBADOURS 44
Présentations générales 44
Etudes spécialisées 45
Anthologies mélodiques 47
Chansons des troubadours sur disques 47

III
La Poésie Lyrique des Troubadours
Textes et Etudes
AVERTISSEMENT 48
TRADITION MANUSCRITE DES CHANSONNIERS 49

AIMERIC DE BELENOI 50
AIMERIC DE PEGUILHAN 50
ALBERTET 51
ARNAUT CATALAN 51
ARNAUT DANIEL 52
ARNAUT DE MARUELH 54
ARNAUT DE TINTINHAC 55
BEATRITZ DE DIA 55
BERENGUIER DE PALAZOL 55
BERNART MARTI 56
BERNART DE VENTADORN 56
BERNART DE VENZAC 59
BERTRAN D'ALAMANON 60

BERTRAN DE BORN 60
BERTRAN CARBONEL 62
BONIFACI CALVO 62
CADENET 63
CERCAMON 63
CERVERI DE GIRONA 64
COMTESSA DE DIA 66
DALFIN D'ALVERNHA 67
DAUDE DE PRADAS 68
EBLE II DE VENTADORN 68
ELIAS DE BARJOLS 69
ELIAS CAIREL 69
FALQUET DE ROMANS 69

FOLQUET DE MARSELHA 70	PEIRE D'ALVERNHA 92
GAUCELM FAIDIT 70	PEIRE BREMON RICAS NOVAS 93
GAVAUDAN 71	PEIRE CARDENAL 94
GUI D'USSEL 71	PEIRE RAIMON DE TOLOSA 95
GUILHEM ADEMAR 72	PEIRE ROGIER 96
GUILHEM DE BERGUEDAN 72	PEIRE VIDAL 96
GUILHEM DE CABESTANH 72	PEIROL 97
GUILHEM FIGUEIRA 73	PERDIGON 98
GUILHEM DE MONTANHAGOL 74	PISTOLETA 98
GUILHEM PEIRE DE CAZALS 74	PONS DE CAPDUELH 99
GUILHEM DE PEITIEU 75	PONS DE LA GUARDIA 99
GUILHEM DE SAINT-LEIDIER 81	RAIMBAUT D'AURENGA 100
GUIRAUT DE BORNELH 81	RAIMBAUT DE VAQUEIRAS 101
GUIRAUT DE CALANSO 83	RAIMON JORDAN 102
GUIRAUT RIQUIER 83	RAIMON DE MIRAVAL 102
JAUFRE RUDEL 84	RAIMON DE LAS SALAS 103
JAUSBERT DE PUYCIBOT 87	RAMBERTI DE BUVALEL 104
LANFRANC CIGALA 88	RIGAUT DE BERBEZILH 104
LUQUET GATELUS 88	SAVARIC DE MAULEON 105
MARCABRU 89	SORDEL 106
MONGE DE MONTAUDON 91	UC DE SAINT-CIRC 106

L'ECOLE DE TOULOUSE 107

IV
La Littérature Non-Lyrique
Textes et Etudes
LITTERATURE EPIQUE ET HISTORIQUE 109

Etudes générales 109	*Ferabratz* 113
Aigar et Maurin 110	*Girart de Rossilhon* 114
Canso d'Antiocha 110	*Histoire de la Guerre*
Roman d'Arles 111	*de Navarre* 115
Canso de la Crosada 111	*Rollan à Saragossa* 115
Daurel et Beton 112	*Ronsasvals* 116

OEUVRES NARRATIVES 117

Biographies des troubadours 117	*Guilhem de la Barra* 123
Blandin de Cornualha 118	*Jaufre* 123
Flamenca 118	*Linhaura* 125
Castia-Gilos 125	*Judici d'Amor* 126	*Novas del Papagai* 126

LITTERATURE DRAMATIQUE 127
Etudes générales 127
Jeu de Sainte Agnès 127
Lo Jutgamen General 128
La Passion Provençale 128
Sponsus 129
Esposalizi de Nostra Dona 129

TRAITES DE GRAMMAIRE ET DE RHETORIQUE 130
Las Razos de Trobar 130
Donatz Proensals 131
Las Leys d'Amors 131

LITTERATURE DIDACTIQUE 133
Poèmes allégoriques 133
Boeci 133
Razos es e Mezura 134
Ensenhamen de la Donzela 134
Ensenhamen de l'Escudier 135
Ensenhamen del Guarso 135
Ensenhamen au Cavayer 135
Ensenhamen à la Domna 136
Ensenhamen d'Onor 136
Quan Tu a la Taula Seras 136
Abrils Issi' 137
Cabra Joglar, Fadet Joglar, Gordo 137
Thezaur 138
Breviari d'Amor 139
Dels Auzels Cassadors 140
Novas de l'Heretje 140

LITTERATURE HAGIOGRAPHIQUE 140
Barlaam et Josaphat 140
Vida de la Benaurada Sancta Doucelina 141
Vida de Santa Enimia 141
Canso de Sancta Fides 141
Vida del Glorios Sant Frances 143
Vida de Sant Honorat 143

TRADUCTIONS 144
Traductions bibliques et religieuses 144
Elucidari 145

V
Guide d'Orientation aux Matières Contiguës
LANGUE ET LITTERATURE OCCITANES MODERNES 146
LYRIQUE LATINE MEDIEVALE 148
LANGUE ET LITTERATURE CATALANES 149
POESIE LYRIQUE DES TROUVERES 150
POESIE LYRIQUE GALLEGO-PORTUGAISE 150
L'ECOLE SICILIENNE 151
POESIE LYRIQUE ITALIENNE 152
LES MINNESINGER ALLEMANDS 153
CADRE HISTORIQUE ET SOCIAL 154
CATHARISME 155

Index 156

Préface de l'Auteur

Buts de l'ouvrage

Ce livre est destiné en premier lieu aux étudiants et aux amateurs nonspécialisés de la culture occitane, qui cherchent une orientation rapide et concise dans le domaine des études récentes sur la littérature occitane médiévale. La bibliographie est sélective dans le sens que les ouvrages et articles signalés représentent un choix parmi la grande quantité de travaux qui ont paru récemment, et également critique dans le sens que j'ai ajouté des remarques concernant la portée et l'intérêt des différentes contributions.

Depuis la deuxième guerre mondiale, et surtout depuis 1950, les études de la littérature occitane médiévale ont été renouvelées de manière très vigoureuse en Europe et dans l'Amérique du Nord. Le travail philologique du dix-neuvième siècle et de la première moitié du vingtième siècle a assuré la publication de toute la poésie des troubadours et de la plupart des oeuvres non-lyriques importantes. Le renouvellement des recherches est le fait de nouvelles attitudes (sociologique ou psychologique, par exemple) et de nouvelles méthodes (analyse formelle, études génériques, musicologiques, etc.). L'analyse approfondie de la poésie elle-même a révélé une complexité et une richesse de plus en plus étonnantes, de mieux en mieux comprises. Cette nouvelle compréhension de la nature et du fonctionnement des oeuvres littéraires a rendu obligatoire la réévaluation de tout ce qu'on 'savait' déjà sur les thèmes, sur le langage, sur l'idéologie, sur les intentions des poètes. C'est pour donner une idée de la vitalité et des orientations multiples de ces mouvements récents que j'ai insisté sur les études les plus récentes, en limitant les références pour la plupart aux vingt-cinq dernières années – sauf là où une oeuvre n'avait pas encore été remplacée ou renouvelée.

Etendue

Je me suis attaché à traiter toute la production littéraire de l'Occitanie médiévale, et à offrir donc un choix plus ou moins équilibré d'études sur tous les genres littéraires, depuis le début du 11e siècle (le *Boeci* est le texte le plus ancien) jusqu'au 15e siècle. Mais puisque je me suis laissé guider en même temps par l'orientation réelle des recherches, on notera deux sortes de déséquilibre inévitable. Premièrement, c'est la poésie lyrique des troubadours qui a fasciné le plus les critiques, à cause de son état de perfectionnement esthétique et à cause de sa préservation relativement complète dans les manuscrits. Par contre, la littérature non-lyrique est moins développée et plutôt mal préservée. Deuxièmement, ce sont les 12e et 13e siècles qui ont vu la floraison riche et rapide de la littérature, et qui ont surtout attiré l'attention des chercheurs. Bien entendu, ces deux orientations spontanées et compréhensibles de la recherche sont reflétées jusqu'à un certain degré dans le choix des articles et ouvrages de cette bibliographie.

On trouvera par exemple 268 références dans le chapitre III consacré à la poésie lyrique des troubadours, contre 153 dans le chapitre IV qui traite de tous les autres genres littéraires. A l'intérieur du chapitre III, on trouvera 34 références et 10 renvois pour Guilhem de Peitieu par contraste avec les 13 références et 6 renvois pour Bernart de Ventadorn, qui est considéré meilleur poète par la plupart des critiques; c'est que la quantité des références dans chaque domaine reflète non pas mes préférences personnelles, mais l'intérêt et l'activité relatifs des chercheurs modernes. La vérité, c'est que tout le monde s'intéresse à Guilhem de Peitieu, le premier troubadour connu, et que Bernart de Ventadorn est universellement admiré mais relativement peu étudié. Dans le chapitre IV, on notera que le *Roman de Flamenca* a attiré beaucoup plus d'attention que les autres textes; c'est une réalité de la recherche récente que je n'ai pas voulu trop obscurcir en essayant de maintenir un équilibre artificiel.

Ne sont pas inclus les textes non-littéraires, ni les ouvrages en langue latine composés dans la région d'oc. J'ai noté les manuels de grammaire, les livres de référence, et les études sur le vocabulaire littéraire des poètes, mais non pas les ouvrages exclusivement linguistiques. Quelques indications bibliographiques rudimentaires ont été ajoutées à la fin du volume, pour offrir aux non-spécialistes une orientation rapide dans les domaines extérieurs qui touchent aux études littéraires. Le sujet vaste de l' 'amour

courtois' n'a été représenté que par les ouvrages qui touchent directement
à ses manifestations dans la littérature occitane médiévale.[1]

Choix et arrangement des articles

L'organisation des chapitres et l'ordre des articles à l'intérieur des chapitres
ont pour but de refléter d'une manière aussi rationnelle que possible la
séquence la plus naturelle et la plus utile aux étudiants et aux chercheurs
non-spécialistes. Par exemple, dans les chapitres III et IV, on donne en
premier lieu pour chaque troubadour ou pour chaque oeuvre la meilleure
édition; si d'autres éditions sont mentionnées, elles doivent être regardées
comme complémentaires et non pas d'égale valeur à la première. A l'intérieur
des subdivisions, les études d'orientation globale précèdent celles qui sont
plus spécialisées, et les études récentes précèdent normalement les plus
anciennes. Pourtant cet ordre normal a été modifié parfois afin de présenter
dans un ordre logique plusieurs études qui sont liées par leur contenu. Il
est vrai que cette méthode est inévitablement subjective, et pourrait em-
pêcher les spécialistes de trouver rapidement une oeuvre particulière; c'est
pour cette raison que j'ai ajouté un index qui contient le nom de tous les
critiques et éditeurs modernes, et le nom des poètes et des oeuvres médiévaux lorsque ceux-ci apparaissent autre part dans le volume que sous leur
rubrique propre (indiquée dans la table des matières).

La question des genres

Dans le deuxième chapitre on trouvera une série de références sur les genres
les plus connus de la poésie lyrique, avec quelques indications sur le problème général des genres lyriques. Je n'ai pas voulu pousser trop loin la sub-
division générique, parce qu'il s'agit d'un domaine spécialisé et imparfaite-
ment exploré, où les définitions mêmes restent souvent controversées. Dans
le chapitre IV, les variétés très diverses des oeuvres non-lyriques sont rangées
dans des groupements descriptifs au lieu d'être catégorisées trop artificielle-
ment par genres. Les soi-disant *ensenhamens* par exemple (voir **708-23**),
ne forment pas un genre ayant des traits en commun identifiables (voir

---

1 Un livre qui est actuellement sous presse promet d'offrir une orientation et une
  documentation sûres dans ce domaine: Roger Boase, *Origin and Meaning of Courtly
  Love* (Manchester 1977). Pp. ca. 200.

Pirot 720), et je les ai rangés dans la catégorie générale des oeuvres didactiques. On trouvera d'ailleurs à l'index la référence à tous les genres et sous-genres mentionnés dans les articles.

Suggestions pratiques d'exploitation

Les références données dans cette bibliographie ne sont que le point de départ d'explorations plus étendues ou plus approfondies de domaines particuliers. Les ouvrages et articles récents offrent toujours des indications bibliographiques qui rendent possible une documentation rétrospective de plus en plus complète. La bibliographie ancienne peut être complétée également par l'emploi des ouvrages de référence 1 à 11 ou la section bibliographique des oeuvres de Lommatzsch 49, Riquer 50, Frank 60, Chambers 61, Jauss 102, et Baehr 110. Pour tenir à jour la bibliographie ainsi établie, on consultera les bibliographies périodiques 12 à 17, et on dépouillera régulièrement les revues actives dans le domaine de la recherche occitane 18 à 26.

La présentation typographique

La série des Bibliographies médiévales de Toronto a adopté quelques règles pratiques pour simplifier la présentation des détails bibliographiques, parmi lesquelles on notera:
i) la ponctuation est réduite au minimum essentiel à la clarté;
ii) les noms d'auteurs sont indiqués de la même manière que dans les catalogues et fichiers des grandes bibliothèques: nom de famille, prénom en toutes lettres, initiale;
iii) l'emploi des lettres majuscules suit les traditions établies pour les différentes langues;
iv) le nom de la maison d'édition n'est pas fourni, puisque les étudiants et chercheurs n'en ont généralement pas besoin, et que les bibliothécaires désireux de commander les livres ont à leur disposition des outils professionnels plus détaillés et constamment mis à jour.

Dans le cas d'éditions successives d'un même livre, j'ai indiqué la date de la première édition, suivie de la date de l'édition la plus récente; la pagination et les références sont toujours basées sur cette édition récente. Il est intéressant de noter qu'un grand nombre d'études et d'éditions de textes sont actuellement disponibles en réimpression; malheureusement elles peuvent à l'occasion porter une date moderne, sans indication de leur âge réel, même là où elles ont été entièrement dépassées par la recherche moderne.

Les renvois sont généreusement distribués à travers le livre, et doivent recevoir la même attention que les références pleines. La table des matières n'est pas répétée en bloc à l'index; il faut donc chercher un nom de poète ou un titre d'ouvrage dans les deux endroits.

Les références, toujours sujettes aux lenteurs et aux hasards du commerce international des livres, sont en principe complètes jusqu'à la fin de 1975. Un nombre d'articles et livres de 1976 ont été inclus lorsqu'il m'a été possible de les consulter directement.

Dédicace

A Margaret

Je tiens à remercier plusieurs personnes qui ont facilité et encouragé la préparation de cet ouvrage: Bella Schaumann, Wendy Pfeffer, et James Hassell ont passé des journées efficaces à chercher et à vérifier le détail des renseignements bibliographiques; Beata Sitarz m'a offert un secours constant et précieux par l'étendue et l'exactitude de ses connaissances linguistiques et littéraires dans le domaine occitano-catalan; Mme Elsie Rose a entrepris la tâche redoutable de dactylographier le texte final; Susan et Kathleen Taylor m'ont aidé à établir l'index; Anna Burko s'est chargée de la présentation typographique de l'ouvrage; John Leyerle a encouragé et inspiré mon travail par ses conseils et par son exemple.

Le Conseil des Arts du Canada a bien voulu subventionner une partie des recherches préliminaires qui ont rendu possible l'accomplissement de ce livre.

RT

LA LITTERATURE OCCITANE DU MOYEN AGE

BIBLIOGRAPHIE SELECTIVE ET CRITIQUE

I
Instruments de Travail

BIBLIOGRAPHIES

Bibliographies générales

1
Pic, François. *Bibliographie des sources bibliographiques du domaine occitan.* Publications du Centre international de documentation occitane, série bibliographique, 1 (Béziers 1977). Pp. 150
Guide des chercheurs qui rassemble toutes les bibliographies relatives au domaine de la philologie occitane ancienne et moderne.
2
Pillet, Alfred et Henry Carstens. *Bibliographie der Troubadours.* Schriften der Königsberger gelehrten Gesellschaft, Sonderreihe, 3 (Halle 1933; réimpr. 1968). Pp. xliv + 518
Corrections et additions importantes suggérées par Alfredo Cavaliere, *Archivum romanicum* 19 (1935) 451-87, et William P. Shepard, *Modern Language Notes* 49 (1934) 408-10. Malgré des limitations sérieuses, le Pillet-Carstens reste encore une oeuvre de référence essentielle. La plupart des chercheurs modernes ont adopté le système standardisé de numérotation des troubadours et de leurs poèmes employé par Pillet: après l'abréviation P-C, un premier numéro désigne le poète, un deuxième désigne le poème. Description détaillée des manuscrits, pp. vii-xliv; liste des éditions et études d'oeuvres lyriques, rangée selon le nom du poète, pp. 3-438; index des rimes, pp. 441-518. En plus de son âge considérable, l'ouvrage souffre de plusieurs faiblesses de structure: il y manque une table des matières, une liste des abréviations, un index des sujets, un index des critiques; la présentation est lourde et trop condensée, parfois imprécise; les

oeuvres non-lyriques ne sont pas incluses. Pour une critique du système de classement, voir Frank **60**, xv-xxix. Stanley Aston annonce une édition révisée, *The Year's Work in Modern Language Studies* 30 (1968) 182. En attendant cet ouvrage, on trouvera des références supplémentaires sur les éditions de textes jusqu'à 1956 dans Frank **60**, complétées encore jusqu'à 1971 dans Chambers **61**. Pour les études de critique littéraire, les listes récentes les plus complètes sont à trouver dans Lommatzsch **49** et Baehr **110**. Pour les références courantes, voir les bibliographies périodiques **12** à **17**.

3
Cabeen, David C. *A Critical Bibliography of French Literature*, I: *The Mediaeval Period*, éd. Urban T. Holmes (Syracuse 1947; éd. augmentée 1952). Pp. xxvi + 292
Voir pp. 221-36 et supplément pp. 266-8, bibliographie limitée mais bien choisie de 159 titres, avec annotation critique, établie par Elliot D. Healy (littérature lyrique) et Alexander H. Schutz (littérature non-lyrique). Malgré la date du supplément, les titres ne dépassent guère 1949.

4
Anglade, Joseph. *Bibliographie élémentaire de l'ancien provençal.* Biblioteca filològica de l'Institut de la llengua catalana 13 (Barcelone 1921). Pp. 85
Guide sûr jusqu'à 1920; références vieillies pour la plupart, mais c'est toujours la seule bibliographie qui recouvre tout le domaine littéraire de l'ancien occitan.

Bibliographies spécialisées

5
Colloque International sur la recherche en domaine occitan, 28, 29, 30 août 1974, Béziers (Montpellier 1975). Pp. 147
Voir surtout pp. 7-35, 'Compte rendu des séances de la Commission de diplomatique et de littérature médiévales' (Rita Lejeune); et pp. 39-57, 'Rapport sur l'état de la recherche en domaine occitan: Lexicologie médiévale' (Helmut Stimm).

6
Berthaud, Pierre-L. et Jean Lesaffre. *Guide des études occitanes* (Paris 1947; 2e éd. 1953). Pp. 55. Supplémenté par Jean Lesaffre et Jean-Marie Petit, *Bibliographie occitane 1967-1971* (Montpellier 1973), 111 pp., et

Bibliographie occitane 1972-1973 (Montpellier 1974), 86 pp.
Inventaires commodes mais incomplets des études récentes dans le domaine de la langue et de la littérature occitanes anciennes et modernes.
7
Brunel, Clovis F. *Bibliographie des manuscrits littéraires en ancien provençal.* Société de publications romanes et françaises 13 (Paris 1935). Pp. xvii + 146
A compléter par Frank **60**.
8
Cholakian, Rouben C. *The William P. Shepard Collection of Provençalia: A Critical Bibliography* (Clinton, New York 1971). Pp. i + 81
Limité aux ouvrages contenus dans la collection de la Hamilton College Library, environ 500 articles. Les annotations critiques sont parfois utiles, mais aussi parfois mal fondées. Il y a beaucoup d'oeuvres importantes et d'études récentes qui manquent à la collection et qui ne sont donc pas mentionnées.
9
Haskell, Daniel C. *Provençal Literature and Language, Including the Local History of Southern France; a List of References in the New York Public Library* (New York 1925). Pp. 885
Recouvre les périodes médiévale et moderne; surtout utile pour les ouvrages historiques, linguistiques, et dialectologiques; les références à la critique littéraire sont partielles et maintenant dépassées.
10
Hughes, Andrew. *Medieval Music: The Sixth Liberal Art.* Toronto Medieval Bibliographies 4 (Toronto 1974). Pp. xii + 326
Voir surtout pp. 144-78, 'The Lyric in Latin and the Vernacular,' environ 300 références à l'oeuvre musicale et poétique des troubadours, des trouvères et des Minnesinger, aussi bien qu'à celle de tradition latine.
11
Vincenti, Eleonora. *Bibliografia antica dei trovatori.* Documenti di filologia 6 (Milan et Naples 1963). Pp. lxiii + 179
Cet ouvrage complète utilement les bibliographies ordinaires en étendant en arrière les références à la critique troubadouresque des savants vénérables depuis Alessandro Vellutello (1525) jusqu'à Fabre d'Olivet (1804), en passant par Crescimbeni, Equicola, Lacurne de Sainte-Palaye, Nostradamus, etc. Ne recouvre pas la période de Pétrarque et de Dante, pour lesquels voir Jeanroy **106**, I, 1-44 et 'Les études provençales du 14e siècle au milieu du 19e siècle,' *Annales du Midi* 43 (1931) 129-59.

Bibliographies périodiques

12
Romanische Bibliographie: Bibliographie romane: Romance Bibliography
(Tubingue, depuis 1961)
Continuation du *Supplement* bibliographique de la *Zeitschrift für romanische Philologie* (1875-1960). C'est la plus complète et la plus sûre des bibliographies périodiques dans le domaine de l'ancien occitan; malheureusement l'ouvrage paraît actuellement avec un retard de sept ans sur la publication des livres et articles recensés.

13
Bibliographie annuelle de l'histoire de France du cinquième siècle à 1945
(Paris, depuis 1961)
Voir la rubrique 'Histoire de la civilisation'; étendue un peu moins complète que celle de 12, mais l'ouvrage paraît ponctuellement chaque année.

14
The Year's Work in Modern Language Studies (Cambridge, depuis 1929)
Voir la rubrique 'Provençal Studies'; choix de bibliographie courante avec commentaire critique établi depuis bien des années par Stanley Aston.

15
Encomia (Newsletter of the International Courtly Literature Society) éd. par Frank R. Akehurst (depuis 1975)
Quelques articles, surtout des bibliographies spécialisées et des compte-rendus de l'état actuel des études dans le domaine de la littérature courtoise; publie chaque année une bibliographie commentée pour l'année précédente.

16
MLA International Bibliography of Books and Articles on the Modern Languages and Literatures (New York, depuis 1956)
Voir la section 'Provençal and Catalan' sous la rubrique 'General Romance Literature'; renseignements sûrs pour l'Amérique du Nord, incomplets pour l'Europe.

17
Cahiers de civilisation médiévale: 10e-12e siècles (Poitiers, depuis 1958)
Bibliographie incorporée dans les fascicules réguliers jusqu'à 1968; en fascicule séparé depuis 1969; les sujets, les auteurs, et les titres sont présentés dans une vaste compilation par ordre alphabétique, assez incommode à manipuler, surtout puisqu'il n'y a pas d'index; pour ce qui est de la littérature occitane, les renseignements sont pratiquement limités au 12e siècle.

REVUES

Les articles qui traitent de la littérature occitane médiévale sont à trouver dans un grand nombre de revues; à l'exception de la *Revue de langue et littérature d'Oc,* qui a cessé de paraître, il n'y a jamais eu de journal spécialisé dans ce domaine. En général, on trouve la meilleure sélection d'articles sérieux dans les *Cahiers de civilisation médiévale,* et les compte-rendus les plus utiles dans *Romance Philology.* Les revues suivantes ont été les plus actives dans ce domaine dans les années récentes.

18
Annales du Midi (Toulouse, depuis 1889)
Quelques articles, à orientation historique; beaucoup de compte-rendus.
19
Cahiers de civilisation médiévale (Poitiers, depuis 1958)
La revue la plus active dans le domaine de l'ancien occitan; articles et compte-rendus nombreux; limité en principe au 12e siècle.
20
Cultura neolatina (Modène, depuis 1941)
Articles nombreux; très peu de compte-rendus.
21
Le Moyen âge (Bruxelles, depuis 1888)
Nombre modéré mais régulier d'articles et de compte-rendus.
22
Revue de langue et littérature d'Oc (Avignon, depuis 1960)
Entre 1960 et 1962, appelée *Revue de langue et littérature provençales.* Articles et compte-rendus très nombreux, mais la revue a cessé de paraître après le numéro 12-13 (1965).
23
Revue des langues romanes (Montpellier, depuis 1870)
Nombre modéré d'articles; compte-rendus très nombreux mais brefs.
24
Romance Philology (Berkeley, depuis 1947)
Quelques articles à orientation linguistique; compte-rendus nombreux et rigoureux.
25
Romania (Paris, depuis 1872)
Articles et compte-rendus nombreux.

26
Zeitschrift für romanische Philologie (Halle, depuis 1877)
Articles et compte-rendus nombreux.

COLLECTIONS

27
Bibliothèque méridionale (Toulouse, depuis 1888)
Editions de textes, études historiques et littéraires dans le domaine occitan médiéval et moderne.
28
Les Classiques d'Oc (Paris, depuis 1964)
Spécialisée dans l'édition de textes occitans médiévaux.
29
Classiques français du moyen âge (Paris, depuis 1910)
Textes destinés à l'enseignement; quinze textes occitans ont paru à côté d'un grand nombre de textes en ancien français.
30
Société des anciens textes français (Paris, depuis 1875)
Editions critiques, destinées aux spécialistes; six textes occitans ont paru.
31
Los Pichons Classics Occitans (Montpellier, depuis 1968)
Textes médiévaux et modernes destinés au public et à l'enseignement.

MEMOIRES DE CONGRES, VOLUMES DE MELANGES

32
Actes et mémoires du Ier Congrès international de langue et littérature du Midi de la France, Avignon 1955 (Avignon 1957)
... *IIe* ... *Aix 1958* (Aix-en-Provence 1961)
... *IIIe* ... *Bordeaux 1961* (Bordeaux 1965)
... *IVe* ... *Avignon 1964* (Avignon 1970)
... *Ve* ... *Nice 1967* (Nice 1975)
... *VIe* ... *Montpellier 1970* (Montpellier 1971)
... *VIIe* ... *Montélimar 1975* (mémoires à paraître dans la *Revue de linguistique romane* et dans *Cultura neolatina*)

Depuis le IIIe Congrès le titre est . . . *littérature d'Oc et d'études franco-provençales.*
33
Rimanelli, Giose et Kenneth J. Atchity, éds. *Italian Literature: Roots and Branches. Essays in Honor of Thomas Goddard Bergin* (New Haven et Londres 1976). Pp. xiv + 455.
34
Cluzel, Irénée-Marcel et François Pirot, éds. *Mélanges de philologie romane dédiés à la mémoire de Jean Boutière* (Liège 1971). Pp. xix + 952 en 2 vols.
35
Renson, Jean et Madeleine Tyssens, éds. *Mélanges de linguistique romane et de philologie médiévale offerts à M. Maurice Delbouille,* 2 vols. (Gembloux 1964). Pp. 713 et 769.
36
Mélanges de linguistique et de littérature romanes à la mémoire d'István Frank. Annales universitatis Saraviensis 6 (Sarrebruck 1957). Pp. 695.
37
Mélanges de langue et de littérature du moyen âge et de la Renaissance offerts à Jean Frappier. Publications romanes et françaises 112 (Genève 1970). Pp. xx + 1176 en 2 vols.
38
Dufournet, Jean et Daniel Poirion, éds. *Mélanges de langue et de littérature médiévales offerts à Pierre Le Gentil* (Paris 1973). Pp. xvi + 929.
39
Mélanges offerts à Rita Lejeune (Gembloux 1969). Pp. xxxii + 1762 en 2 vols.
40
Mélanges d'histoire littéraire, de linguistique et de philologie romanes offerts à Charles Rostaing (Liège 1974). Pp. lxxii + 1270 en 2 vols.

ANTHOLOGIES

41
Appel, Carl. *Provenzalische Chrestomathie mit Abriss der Formenlehre und Glossar* (Leipzig 1895; 6e éd. 1932; réimpr. 1974). Pp. xli + 344
125 morceaux, groupés par genres; 93 poèmes lyriques, par 40 troubadours; sélections représentatives de la littérature non-lyrique; bonne introduction grammaticale; glossaire complet; sans traductions.

42
Bec, Pierre. *Nouvelle Anthologie de la lyrique occitane du moyen âge* (Avignon 1970). Pp. 331
38 poèmes lyriques, par 24 troubadours; 19 *vidas*, carole bilingue, un fragment du *Boeci*, un *zadjal*, plusieurs *khardjas*, et une *pastorela* goliardique. Excellente introduction sur le cadre social, les thèmes, les origines, la poétique, la musique; traductions françaises; sans glossaire.

43
Berry, André. *Anthologie de la poésie occitane* (Paris 1961). Pp. xli + 644
40 poèmes, par 17 troubadours, extraits de *Flamenca* et de la *Chanson de la Croisade albigeoise;* choix représentatif de poèmes du 16e jusqu'au 20e siècle; brève introduction historique; traductions françaises.

44
Goldin, Frederick. *Lyrics of the Troubadours and Trouvères: An Anthology and a History* (New York 1973). Pp. 500
59 poèmes occitans, par 20 troubadours, avec traductions anglaises; courte présentation de chaque poète; peu de notes.

45
Hamlin, Frank R., Peter T. Ricketts, et John Hathaway. *Introduction à l'étude de l'ancien provençal*. Publications romanes et françaises 96 (Genève 1967). Pp. 312
48 poèmes, par 20 troubadours, 19 *vidas*, 3 *razos*, sans traductions; brève introduction sur la langue, les formes poétiques, l'histoire. Indications utiles pour l'emploi autodidacte; 20 morceaux gradués, les premiers accompagnés de notes élémentaires abondantes.

46
Hill, Raymond T. et Thomas G. Bergin. *Anthology of the Provençal Troubadours*. Yale Romanic Studies, 2nd series, 23 (New Haven 1941; 2e éd. révisée et augmentée par T. Bergin et al. en 2 vols., New Haven et Londres 1973). Pp. xxvi + 270 et vi + 245

132 poèmes, par 47 troubadours, 42 *vidas*, 6 *razos*, 3 extraits en prose, sans traductions; très brève introduction, notes critiques détaillées, glossaire complet.
47
Lafont, Robert. *Trobar, XIIe-XIIIe siècles: Soixante chansons de troubadours situées et annotées avec une étude sur la langue et le texte du 'trobar' et un lexique* (Montpellier 1972). Pp. 331 + v
60 poèmes, par 37 troubadours, sans traductions; bonne introduction littéraire (en occitan); petit glossaire.
48
Lavaud, René et René Nelli. *Les Troubadours, I: Jaufre, Flamenca, Barlaam et Josaphat; II: Le Trésor poétique de l'Occitanie* (Bruges 1960 et 1966). Pp. 1227 et 1085
Le premier volume contient le texte complet des 3 oeuvres nommées, avec traduction française. Le deuxième contient 61 poèmes, par 32 troubadours, et un choix très développé d'oeuvres non-lyriques, groupées par sujets, avec traductions françaises; très brèves introductions littéraires; les textes sont reproduits d'après des éditions antérieures et sont de valeur inégale.
49
Lommatzsch, Erhard. *Leben und Lieder der provenzalischen Troubadours*, I: *Minnelieder;* II: *Lieder verschiedener Gattungen: Mit einem musikalischen Anhang von F. Gennrich* (Berlin 1957 et 1959; 2e éd. Munich et Salzbourg 1972). Pp. xiii + 164 et viii + 216
Bibliographie très riche I, 55-69 et II, 64-72. 60 poèmes, par 44 troubadours, sans traductions (34 adaptations allemandes 'Nachdichtungen'); glossaire complet; aucune introduction; commentaire musical avec la transcription de 24 mélodies.
50
Riquer, Martín de. *Los Trovadores: Historia literaria y textos* (Barcelone 1975). Pp. 1751 en 3 vols.
Anthologie magnifique de 371 poèmes, par 122 troubadours et 9 inconnus; textes soignés, avec traductions espagnoles, notes abondantes; chaque troubadour est présenté en quelques pages qui représentent l'état actuel des recherches; bibliographie très riche; le tout précédé par une introduction générale à la lyrique occitane médiévale qui touche à la plupart des domaines essentiels: manuscrits, rhétorique, versification, genres, etc.
51
Roncaglia, Aurelio. *Antologia delle letterature medievali d'oc e d'oïl*

(Milan 1973). Pp. 653
28 poèmes, par 16 troubadours; extraits de la *Chanson de Sainte Foy*, de *Girart de Rossilhon*, et de *Flamenca;* 3 *vidas;* introduction littéraire, traductions italiennes; sans notes critiques, sans glossaire.
52
Ruggieri, Ruggero M. *Capitoli di letteratura occitanica (con testi e versioni)* (Rome 1971). Pp. 348
Chapitres introductoires sur la courtoisie, les sources, les oeuvres non-lyriques, les plus anciens troubadours, le *trobar clus;* anthologie de 25 poèmes, par 10 poètes, avec traductions italiennes; 30 poèmes arabo-andalous en version italienne.
53
Spina, Segismundo. *A lírica trovadoresca (estudo, antologia crítica, glossário)* (Rio de Janeiro et Sao Paulo 1956; 2e éd. augmentée 1972). Pp. 456
Anthologie de 35 poèmes des troubadours gallégo-portugais, avec un choix de poèmes des goliards, des troubadours d'Occitanie et d'Italie, des Minnesinger, des trouvères, et des poètes arabes; glossaire des termes techniques de la critique littéraire occitane.

Pour des anthologies mélodiques voir Maillard **256**, Gennrich **257**, Beck **258**.

DICTIONNAIRES

54
Levy, Emil. *Provenzalisches Supplementwörterbuch*, 8 vols. (Leipzig 1894-1924)
Doit être employé avec Raynouard **56**. Helmut Stimm prépare à Mayence un supplément nouveau, avec une documentation exhaustive; on projette 10 à 15 volumes, qui devaient commencer à paraître en 1975; voir des rapports sur le progrès du projet dans *Abhandlungen der Akademie der Wissenschaften zu Mainz*.
55
Levy, Emil. *Petit dictionnaire provençal-français* (Fribourg 1909; 5e éd. 1973). Pp. viii + 388
Version condensée des matériaux de Levy **54** et de Raynouard **56**.
56
Raynouard, François J. *Lexique roman, ou dictionnaire de la langue des*

troubadours, 6 vols. (Paris 1836-44)
Doit être complété et corrigé par Levy **54**.
57
Baldinger, Kurt. *Dictionnaire onomasiologique de l'ancien gascon (DAG)*
fasc. 1 (Tubingue 1975). En cours de publication
Ce dictionnaire et le suivant (voir **58**) seront rédigés et publiés parallèlement, avec la même numérotation des articles. Chacun comptera au moins 10 volumes. Les mots seront classés par concepts, suivant le système de Rudolf Hallig et Walther von Wartburg, *Begriffssystem als Grundlage für die Lexicographie* (Berlin 1952; 2e éd. 1963). Le *DAG* ne retiendra que les formes attestées en Gascogne, mais, à la différence du *DAO,* les mots seront accompagnés d'une ample documentation (contextes et sources); les mots de latin médiéval et d'ancien français trouvés dans des documents gascons seront également admis.
58
Baldinger, Kurt. *Dictionnaire onomasiologique de l'ancien occitan (DAO)*
fasc. 1 (Tubingue 1975). En cours de publication
Regroupement onomasiologique de tous les mots occitans relevés sémasiologiquement par Levy **54**, Raynouard **56**, et Wartburg **59**, sans contextes ni sources, la documentation étant déjà présentée dans les dictionnaires cités.
59
Wartburg, Walther von. *Französisches etymologisches Wörterbuch,* 25 tomes en 31 vols. (Bonn, Heidelberg, Leipzig, Berlin, Tubingue, et Bâle, depuis 1922)
Recouvre tout le domaine occitan médiéval et moderne dans sa documentation.

REPERTOIRES

60
Frank, István. *Répertoire métrique de la poésie des troubadours,* 2 vols. Bibliothèque de l'Ecole des hautes études 302 et 308 (Paris 1953 et 1957). Pp. lii + 195 et 234
Catalogue complet des poèmes lyriques suivant leur forme métrique; très utile aussi pour sa bibliographie des éditions de textes, II, 84-214, qui inclut la poésie lyrique sous le nom des poètes, et les oeuvres non-lyriques sous le titre, ainsi qu'une section consacrée à la poésie lyrique tardive. Pour des renseignements supplémentaires sur les éditions récentes de poésie lyrique, voir Chambers **61**.

61
Chambers, Frank M. *Proper Names in the Lyrics of the Troubadours.* University of North Carolina Studies in the Romance Languages and Literatures 113 (Chapel Hill 1971). Pp. 271
Remplace le répertoire partiel de Camille Chabaneau et Joseph Anglade, 'Onomastique des troubadours,' *Revue des langues romanes* 58 (1915) 81-136, 161-269, et 345-481; complété par Wiacek **64**.

62
Flutre, Louis-F. *Table des noms propres avec toutes leurs variantes figurant dans les romans du moyen âge écrits en français ou en provençal* (Poitiers 1962). Pp. xvi + 324
D'une utilité limitée pour l'occitan, vu le petit nombre de romans préservés; à compléter avec Chambers **61** et Wiacek **64**.

63
Langlois, Ernest. *Table des noms propres de toute nature compris dans les chansons de geste imprimées* (Paris 1904). Pp. xx + 674
L'oeuvre est limitée par son âge, et par le nombre très restreint des chansons de geste occitanes.

64
Wiacek, Wilhelmina M. *Lexique des noms géographiques et ethniques dans les poésies des troubadours des 12e et 13e siècles.* Les Classiques d'Oc 3 (Paris 1968). Pp. 197 + 9 cartes
Oeuvre utile, mais limitée à l'onomastique; contient quelques références imprécises.

65
Fernandez, Marie. 'Noms de lieu du pays toulousain dans la poésie d'oc aux XIIe et XIIIe siècles,' *Mélanges Le Gentil* (voir **38**) 235-44
Commentaire sur les noms de bourgs et de villages situés aux environs de Toulouse et cités par les troubadours, qui ont montré un attachement spécial à cette ville.

GRAMMAIRES

66
Anglade, Joseph. *Grammaire de l'ancien provençal ou ancienne langue d'oc: phonétique et morphologie* (Paris 1921; 2e éd. 1965). Pp. xxxvii + 448
La grammaire standard de l'ancien occitan; la plus complète.

67
Roncaglia, Aurelio. *La lingua dei trovatori: Profilo di grammatica storica del provenzale antico.* Officina romanica 1 (Rome 1965). Pp. 140
Présentation admirablement claire et précise des traits linguistiques essentiels.
68
Bec, Pierre. *La Langue occitane.* Que sais-je? 1059 (Paris 1963; 2e éd. 1967). Pp. 128
Exposition très vivante de l'histoire externe de la langue, depuis le commencement jusqu'à l'époque moderne.
69
Bec, Pierre. *Manuel pratique de philologie romane,* I: *Italien, espagnol, portugais, occitan, catalan, gascon* (Paris 1970). Pp. x + 558 + 11 cartes
Voir pp. 395-462, très brève introduction à l'occitan médiéval et moderne dans le contexte des langues romanes, suivie d'un commentaire philologique détaillé du poème de Bernart de Ventadorn, P-C 70, 43 *Quan vei l'alauzeta mover* (pour le système de numérotation des poèmes, voir Pillet **2**). Utile aux autodidactes lorsqu'il est accompagné par Anglade **66** ou Roncaglia **67**.
70
Jensen, Frede. *From Vulgar Latin to Old Provençal.* University of North Carolina Studies in the Romance Languages and Literatures 120 (Chapel Hill 1972). Pp. 142
Commentaire philologique de trois textes en prose et de trois poèmes. Méthode peu systématique, mais peut être utile aux autodidactes lorsqu'il est accompagné par Anglade **66** ou Roncaglia **67**.
71
Viscardi, Antonio. *Corso di filologia romanza: Poesia trobadorica* (Milan 1965-6). Pp. 150
Commentaire philologique et étymologique de 45 poèmes, par 11 des troubadours les plus célèbres. Utile aux autodidactes lorsqu'il est accompagné par Anglade **66** ou Roncaglia **67**.

Voir aussi Appel **41**, qui donne à l'introduction la meilleure présentation de la morphologie de l'ancien occitan.

II
Études de Critique Littéraire

HISTOIRE LITTERAIRE

Présentations globales, traitant des genres non-lyriques aussi bien que lyriques (voir la rubrique suivante)

100
Camproux, Charles. *Histoire de la littérature occitane* (Paris 1953; 2e éd. révisée 1971). Pp. 272
Présentation sûre et concise de tous les aspects de la littérature occitane médiévale et moderne.

101
Grente, Georges et al. *Dictionnaire des lettres françaises: Le Moyen âge*, éd. Robert Bossuat et al. (Paris 1964). Pp. xx + 766
Articles nombreux sur les poètes, les oeuvres, et les genres occitans, avec des références bibliographiques (malheureusement vieillies pour la plupart). C'est un des rares cas, mais qui servira peut-être de modèle, où la littérature occitane soit traitée comme partie intégrale de l'histoire littéraire française.

102
Jauss, Hans R. et Erich Köhler. *Grundriss der romanischen Literaturen des Mittelalters*, I: *Généralités* (Heidelberg 1972); VI: *La Littérature didactique, allégorique, et satirique*, 2 vols. (Heidelberg 1968). Pp. xxvi + 742; xvi + 315 et 496
Exposé érudit et complet de toutes les littératures romanes du moyen âge, avec ample documentation bibliographique. Une fois terminée, l'oeuvre en 13 volumes doit renouveler le monumental *Grundriss der romanischen Philologie* de Gustav Gröber (Strasbourg 1888-1902). En gros, le *GRLMA* est divisé en volumes selon les genres littéraires. Des deux volumes parus, le premier touche spécifiquement au domaine occitan par sa considération

des études comparatives, de la versification, et de la musique. Le sixième traite les oeuvres allégoriques et religieuses, les arts poétiques, l'*ensenhamen*, le *sirventès*, le *planh*, et la *tenso*. Le deuxième, qui doit paraître en 1977 ou en 1978, traitera la poésie lyrique.

103
Lafont, Robert et Christian Anatole. *Nouvelle histoire de la littérature occitane*, 2 vols. (Paris 1970). Pp. 407 et 444
Histoire rapide de la littérature médiévale, analyses plus en profondeur pour l'époque moderne.

104
Rostaing, Charles et René Jouveau. *Précis de littérature provençale*. Les Classiques provençaux 3 (Cavaillon 1972). Pp. 136
Brève introduction à la littérature occitane médiévale et moderne, destinée aux élèves de lycée.

105
Rouquette, Jean. *La Littérature d'oc*. Que sais-je? 1039 (Paris 1963). Pp. 128
Aperçu de la littérature occitane médiévale et moderne, orienté du point de vue socio-politique.

Introductions à la poésie lyrique

106
Jeanroy, Alfred. *La Poésie lyrique des troubadours*, 2 vols. (Paris 1934). Pp. xviii + 437 et 375
Oeuvre indispensable, malgré son âge, pour toute étude d'ensemble sur la poésie; fruit d'une vie académique dévouée aux troubadours. Les jugements de valeur morale ou esthétique sur des poètes ou des oeuvres particuliers ont été fréquemment dépassés par la critique moderne, mais les renseignements historiques et biographiques gardent encore leur valeur.

107
Marks, Claude. *Pilgrims, Heretics, and Lovers: A Medieval Journey* (New York 1975). Pp. xii + 338
Histoire vivante de la culture occitane, envisagée dans son ensemble depuis le 6e jusqu'à la fin du 16e siècle. L'oeuvre de huit des plus grands troubadours est placée dans son contexte socio-historique de manière à faire ressortir les valeurs profondément humanistes de la civilisation qu'elle représente. La documentation historique et littéraire est solide.

108
Marrou, Henri. *Les Troubadours* (Paris 1961; 2e éd. augmentée 1971).
Pp. 189
La première édition a paru sous le pseudonyme d'Henri Davenson; la deuxième est augmentée d'un aveu de paternité, sans autre altération du texte. Introduction très vivante et enthousiaste, destinée aux non-spécialistes, mais qui contient des remarques très utiles sur la musique, pp. 79-98, et sur les origines liturgiques, pp. 113-43.

109
Briffault, Robert S. *The Troubadours* (Bloomington, Indiana 1965). Pp. xvi + 296
C'est la révision, transposée en anglais par l'auteur, de l'oeuvre originale *Les Troubadours et le sentiment romanesque* (Paris 1945). Point de vue très subjectif et controversé sur la poésie occitane par un anthropologue. B. insiste excessivement sur la théorie des origines arabes.

110
Baehr, Rudolf, éd. *Der provenzalische Minnesang: Ein Querschnitt durch die neuere Forschungsdiskussion.* Wege der Forschung 6 (Darmstadt 1967). Pp. xi + 531
Collection bien équilibrée d'articles importants déjà parus entre les années 1927 et 1962, traitant d'aspects variés de la critique troubadouresque. Ample bibliographie pp. 513-31. Une introduction sérieuse et stimulante aux domaines les plus importants. Voir surtout R. Rohr, 'Zur Interpretation der altprovenzalischen Lyrik. Hauptrichtungen der Forschung 1952-1962,' pp. 66-114.

111
Bec, Pierre, éd. *Présence des troubadours.* Annales de l'Institut d'études occitanes, 4e série, 2, V (Toulouse 1970). Pp. 199
Collection hétérogène d'articles réunis dans le but d'illustrer la variété et la vigueur de la recherche moderne dans le domaine de la poésie occitane médiévale.

112
Hoepffner, Ernest. *Les Troubadours dans leur vie et dans leurs oeuvres* (Paris 1955). Pp. 224
Présentation historique et littéraire de 15 grands troubadours représentatifs de toutes les périodes de la poésie lyrique des 12e et 13e siècles.

113
Topsfield, Leslie T. *Troubadours and Love* (Cambridge 1975). Pp. 296 +

carte
Analyses particulières de 11 troubadours, choisis pour illustrer les quatre grandes étapes dans l'évolution de la poésie de la *fin' amors*. Cf. compte-rendu de P. Dronke, *Times Literary Supplement* du 12 septembre 1975, p. 1023.

114
Wilhelm, James J. *Seven Troubadours: The Creators of Modern Verse* (University Park, Pennsylvania et Londres 1970). Pp. 235
Présentation enthousiaste mais subjective des sept 'meilleurs' troubadours.

115
Bogin, Meg. *The Women Troubadours* (New York et Londres 1976). Pp. 192
Introduction littéraire, anthologie de 23 poèmes (textes de Schultz-Gora pour la plupart) avec traductions anglaises, biographies commentées.

116
Rieger, Dietmar. 'Die *trobairitz* in Italien: Zu den altprovenzalischen Dichterinnen,' *Cultura neolatina* 31 (1971) 205-23
R. se demande pourquoi les poèmes des *trobairitz* se trouvent groupés en blocs dans les manuscrits, et pourquoi ils sont préservés surtout dans des chansonniers italiens; il conclut qu'on a dû les trouver intéressants par leur rareté, et que les attitudes culturelles envers les femmes menant aux transformations du *dolce stil nuovo* expliquent leur relative popularité en Italie.

Voir aussi Riquer **50**, Introduction, I, 9-102.

LA QUESTION DES ORIGINES

Présentations globales

117
Bezzola, Reto R. *Les Origines et la formation de la littérature courtoise en occident, 500-1200*, 3 parties en 5 tomes. Bibliothèque de l'Ecole des hautes études, fasc. 286, 313 (2 tomes), 319, et 320 (Paris 1944-63). Pp. xxii + 396, 664, et 633
Documentation monumentale de la continuité des traditions courtoises. Les interprétations étroitement sociologiques de B. sont combattues par A. Viscardi, *Zeitschrift für romanische Philologie* 78 (1962) 269-91 et 81

(1965) 454-75. Voir aussi le compte-rendu important de J.-C. Payen, *Romance Philology* 19 (1965-6) 103-7.

118
Cluzel, Irénée-Marcel. 'Quelques réflexions à propos des origines de la poésie lyrique des troubadours,' *Cahiers de civilisation médiévale* 4 (1961) 179-88
Discussion générale qui reconnaît la tradition liturgique comme source des formes, la poésie arabe comme influence probable sur les thèmes, bien que cette influence soit difficile à tracer.

119
Gillespie, Gerald. 'Origins of Romance Lyrics: A Review of Research,' *Yearbook of Comparative and General Literature* 16 (1967) 16-32
Excellent résumé sélectif des études sérieuses dans le domaine des origines depuis 1791 jusqu'à 1966; G. voit la nécessité de continuer les recherches dans les deux domaines des origines arabes et liturgiques.

120
Davis, William M. 'Current Scholarship on the Origins of the Medieval Provençal Lyric: Some Conclusions,' *Philologica pragensia* 10 (1967) 92-6
Esquisse rapide des recherches jusqu'en 1960; l'auteur favorise la théorie des origines latines médiévales aux dépens de la théorie arabe.

121
Fisher, John H. *The Medieval Literatures of Western Europe: A Review of Research, Mainly 1930-1960* (New York 1966). Pp. v + 432
Voir pp. 145-51, présentation claire et objective des différentes théories dans leur développement progressif, établie par Charles A. Knudson.

122
Rohr, Rupprecht. 'Zur Interpretation der altprovenzalischen Lyrik,' *Romanistisches Jahrbuch* 13 (1962) 43-75; réimpr. dans Baehr **110**, 66-114
Discussion des recherches sur les origines parues entre 1952 et 1962.

La théorie arabe

123
Heger, Klaus. *Die bisher veröffentlichten Ḫarǧas und ihre Deutungen.* Beihefte zur Zeitschrift für romanische Philologie 101 (Tubingue 1960). Pp. xviii + 206
Edition de 53 *khardjas* mozarabes; bibliographie détaillée sur la question

de l'influence arabe, mais H. ne hasarde pas de conclusions.
124
Le Gentil, Pierre. *Le Virelai et le villancico: Le problème des origines arabes* (Paris 1954). Pp. i + 279
Analyse minutieuse des rapports entre les deux formes littéraires, aboutissant à des conclusions très prudentes: on ne peut prouver aucune influence directe. Voir du même auteur 'La strophe zadjalesque, les khardjas, et le problème des origines du lyrisme roman,' *Romania* 84 (1963) 1-27 et 209-50: discussion détaillée de la question, conclusions encore prudentes, mais qui penchent plutôt vers la théorie des origines liturgiques.
125
Stern, Samuel M. 'Literary Connections Between the Islamic World and Western Europe in the Early Middle Ages: Did They Exist?' *Hispano-Arabic Strophic Poetry: Studies by Samuel Miklos Stern*, éd. L.P. Harvey (Oxford 1974) 204-24; et 'The Discussion at Spoleto after Stern's Paper,' *ibid.* 224-30. Publié d'abord en italien, *Settimane di studio del Centro italiano di studi sull' alto medio evo: XII: L'Occidente e l'Islam nell' alto medio evo* (Spoleto 1964) 639-66 et 811-31
Etude approfondie qui démontre l'extrême faiblesse de la théorie des sources arabes de la musique et de la poésie des troubadours; l'emprunt de quelques motifs isolés reste toujours possible, selon S., mais il n'y a absolument aucune preuve de contact littéraire.
126
Gorton, T.J. 'Arabic Influence on the Troubadours: Documents and Directions,' *Journal of Arabic Literature* 5 (1974) 11-16
Inventaire des sources et documents qui touchent à la poésie arabe andalousienne du moyen âge; l'impasse à laquelle on est arrivé dans la recherche des sources de la lyrique occitane demande qu'on étudie les poèmes eux-mêmes, et ceci du point de vue générique plutôt que génétique.
127
Le May, Richard. 'A propos de l'origine arabe de l'art des troubadours,' *Annales, Economies, Sociétés, Civilisations* 21 (1966) 990-1011
L. offre une preuve nouvelle de l'influence arabe sur les troubadours: le mot *trobar* et ses dérivés viendraient de l'arabe *daraba* > *drab* > **trob* dans le sens de 'jouer d'un instrument'; mais rien n'est prouvé.
128
Farmer, Henry G. 'The Arabic Influence on European Music,' *Glasgow University Oriental Society* 19 (1961-2) 1-15; réimpr. dans *The Oriental*

Musical Influence and Jewish Genizah Fragments on Music (Londres 1964).
Pp. 32
L'origine arabe du nom de plusieurs instruments de musique, et celle de la désignation de types rythmiques est démontrée; discussion d'autres parallèles lexicologiques entre l'arabe et les langues romanes.

129
Nykl, Alois R. *Hispano-Arabic Poetry and its Relations with the Old Provençal Troubadours* (Baltimore 1946). Pp. xi + 416
C'est la présentation la plus favorable et la plus vigoureuse de la thèse des origines arabes.

130
Pollmann, Leo. Trobar clus, *Bibelexegese und hispano-arabische Literatur.* Forschungen zur romanischen Philologie 16 (Münster 1965). Pp. 96
P. note beaucoup de parallèles entre les *khardjas, muwashshahs* et *zadjals,* et les poèmes des premiers troubadours, surtout ceux de Guilhem de Peitieu; il conclut à l'origine arabe, du moins pour l'impulsion essentielle.

Voir aussi Briffault **109**; Lazar **151**, 9-14; Nelli **152**, 21-77; Salverda de Grave **449**.

La théorie latine

131
Dronke, Peter. *Medieval Latin and the Rise of European Love-Lyric* (Oxford 1965; 2e éd. 1968). Pp. vii + 603 en 2 vols.
Etude d'ensemble des rapports de la poésie latine avec celle des langues vernaculaires d'Europe. Conclusions qui favorisent l'idée de la continuité des traditions latines.

132
Chailley, Jacques. 'Notes sur les troubadours, les *versus* et la question arabe,' *Mélanges Frank* (voir **36**) 118-28
C. passe en revue les recherches antérieures, et souligne l'influence du *versus* qui élimine la nécessité de penser à une influence directe de la tradition arabe sur la musique des troubadours.

133
Gennrich, Friedrich. 'Zur Ursprungsfrage des Minnesangs: Ein literaturhistorischmusikwissenschaftlicher Beitrag,' *Deutsche Vierteljahrsschrift für Literaturwissenschaft und Geistesgeschichte* 7 (1929) 187-228; version

révisée dans Baehr **110**, 115-60
G. indique le peu d'importance de la rime dans la structure intérieure de la strophe de la *canso*, et insiste sur la liturgie chrétienne comme seule et unique source de la musique des troubadours.

134
Scheludko, Dimitri. 'Religiöse Elemente im weltlichen Liebenslied der Trobadors: Zu Form und Inhalt der Kanzone,' *Zeitschrift für französische Sprache und Literatur* 59 (1935) 402-21
Interprétation des chansons des troubadours comme des transformations temporelles des concepts chrétiens.

135
Spanke, Hans. *Untersuchungen über die Ursprünge des romanischen Minnesangs: Marcabrustudien*. Abhandlungen der Gesellschaft der Wissenschaften zu Göttingen, Philologische-historische Klasse, 3e Folge, 24 (Göttingen 1940). Pp. iv + 119
Comparaison des formes musicales des troubadours avec celles de la musique latine médiévale, surtout le *conductus*.

Voir aussi Errante **488**; Marrou **108**, 113-43; Mölk **205**, 138-99.

La théorie populaire

136
Dumitrescu, Maria. 'Les premiers troubadours connus et les origines de la poésie provençale,' *Cahiers de civilisation médiévale* 9 (1966) 345-54
D. soutient que des traces d'une longue tradition antérieure restent perceptibles à travers les références et les attitudes des premiers poètes connus.

137
Frings, Theodor. *Die Anfänge der europäischen Liebesdichtung im elften und zwölften Jahrhundert*. Sitzungsberichte der bayerischen Akademie der Wissenschaften zu München, philosophisch-historische Klasse, 2 (Munich 1960). Pp. 29
Défense passionnée de la notion de Herder que toute la poésie provient de la 'sensibilité poétique commune' qui appartient à l'humanité entière et qui se manifeste spontanément dans les formes populaires de la danse, l'aube, etc., unique source des formes évoluées.

138
Fourquet, Jean. 'La chanson chevaleresque allemande avant les influences

provençales,' *Mélanges Delbouille* (voir **35**) II, 155-64

A travers l'examen d'un nombre de poèmes allemands primitifs, F. postule l'existence d'une tradition de poésie épico-dramatique européenne, qui aurait été éclipsée par l'évolution spécialisée mais interne de la forme troubadouresque.

139

Gandillac, Maurice P. de, et al. 'Débat autour du catharisme et de l'amour courtois,' *Entretiens sur la renaissance du XIIe siècle*. Les Actes d'une décade du Centre culturel international de Cerisy-la-Salle, 1965, éd. Maurice de Gandillac et E. Juneau (Paris et La Haye 1968) 437-48

La discussion conclut finalement en faveur du syncrétisme, mais voit l'Eglise chrétienne comme force cohésive.

140

Köhler, Erich. 'Observations historiques et sociologiques sur la poésie des troubadours,' *Cahiers de civilisation médiévale* 7 (1964) 27-40 et 40-51

Dans la première étude, K. cherche les origines de la poésie dans les conditions de l'époque; l'amour des troubadours serait une sorte de métaphore de la position frustrée de la classe des petits nobles qui aspire aux avantages de la haute aristocratie; voir les vues opposées de Press **166**. Pour la deuxième étude, voir **212**.

141

Menéndez Pidal, Ramón. 'Poesía árabe y poesía europea,' *Bulletin hispanique* 40 (1938) 337-423; réimpr. comme premier chapitre d'un volume portant le même titre (Buenos Aires 1941; 4e éd. 1955). Pp. 179. Voir aussi la discussion plus récente du même auteur, *Revista de filología española* 43 (1960) 279-356

Discussion des différentes influences formatives sur la poésie romane; M. favorise la théorie des origines populaires.

142

Rougemont, Denis de. *L'Amour et l'occident* (Paris 1939; 2e éd. révisée 1956). Pp. iii + 356

Etude enthousiaste mais subjective qui postule une origine commune de la poésie des troubadours et de l'hérésie cathare; théorie déformée injustement par la critique hostile dans la notion des Cathares 'déguisés en troubadours.'

143

Schossig, Alfred. *Der Ursprung der altfranzösischen Lyrik* (Halle 1957). Pp. xxxiv + 272

Voir surtout pp. 245-55; analyse naïve qui favorise la notion des origines populaires celtiques et germaniques.

144
Sutherland, Dorothy R. 'The Language of the Troubadours and the Problem of Origins,' *French Studies* 10 (1956) 199-215
S. ne trouve que des influences très limitées du vocabulaire arabe sur le développement de l'ancien occitan; même l'influence du latin savant est limitée au vocabulaire féodal. La langue est simple et d'origine populaire.

Voir aussi Nelli 152.

DEFINITION DE L'IDEOLOGIE AMOUREUSE

Etudes générales

145
Camproux, Charles. *Le* joy d'amor *des troubadours: Jeu et joie d'amour* (Montpellier 1965). Pp. 207
Analyse originale du concept du *joi d'amor* comme un jeu vital qui a lieu entre des forces égales et libres, et qui a pour but le perfectionnement social, religieux, et politique. Malheureusement le livre ne porte ni index, ni documentation bibliographique.

146
Donaldson, Ethelbert T. 'The Myth of Courtly Love,' *Ventures: Magazine of the Yale Graduate School* 5 (1965) 16-23
En démontrant le but humoristique d'André le Chapelain, D. réfute la notion de l'amour 'courtoise' nécessairement adultère, et la remplace par la notion de la sublimation du désir amoureux.

147
Frappier, Jean. 'Vues sur les conceptions courtoises dans les littératures d'oc et d'oïl au XIIe siècle,' *Cahiers de civilisation médiévale* 2 (1959) 135-56, et article complémentaire 'Sur un procès fait à l'amour courtois,' *Romania* 93 (1972) 145-93
F. fait la synthèse bien équilibrée des différents éléments socio-culturels qui caractérisent l'amour 'courtois.'

148
Imbs, Paul. 'De la *fin'amor*,' *Cahiers de civilisation médiévale* 12 (1969)

265-85
Discussion de l'idéologie des troubadours et de ses adaptations littéraires au nord de la France, suscitée par Lazar 151 et Pollmann 154 entre autres.

149
Javelet, Robert. 'L'amour spirituel face à l'amour courtois,' *Entretiens* (voir 139) 309-46
A la différence de la passion fatale bretonne et de l'amour goliardique antichrétien, l'amour 'courtois' représente la spiritualisation de l'amour profane.

150
Kellermann, Wilhelm. 'L'éclosion du lyrisme occidental: L'amour vénération,' *Entretiens* (voir 139) 373-405
Dans la poésie des troubadours, des Minnesinger, et des poètes gallégo-portugais, l'amour 'courtois' se définit par son mélange curieux de motivation sensuelle et de vénération de la dame.

151
Lazar, Moshé. *Amour courtois et* fin'amors *dans la littérature du XIIe siècle.* Bibliothèque française et romane, série C: Etudes littéraires, 8 (Paris 1964). Pp. 300
Mise au point précise des différentes variétés d'amour profane médiéval; L. insiste sur la sensualité essentielle de la poésie des troubadours.

152
Nelli, René. *L'Erotique des troubadours.* Bibliothèque méridionale, série 2, 38 (Toulouse 1963). Pp. 375. Republié en format nouveau sans changement textuel en 2 vols. (Paris 1974), 430 et 434 pp.
Analyse ethno-sociologique enthousiaste mais trop peu scientifique qui souligne l'importance du folklore indigène et de l'influence arabe sur le développement de l'idéologie amoureuse et sociale des troubadours.

153
Pirot, François. 'L'idéologie des troubadours: Examen de travaux récents,' *Le Moyen âge* 74 (1968) 301-31
Discussion nette et rationnelle de la nature de l'amour troubadouresque, centrée en particulier sur les travaux de Frappier 147, de Lazar 151, de Köhler 140, de Nelli 152, et de Camproux 145.

154
Pollmann, Leo. *Die Liebe in der hochmittelalterlichen Literatur Frankreichs, Versuch einer historischen Phänomenologie.* Analecta romanica 18 (Frankfurt 1966). Pp. 360
P. dégage trois composantes de la *fin'amor:* une émotion instinctive et

totale (désir); la transformation de cette force en éthique sociale; son expression dans une forme poétique ritualisée.

Etudes spécialisées

155
Benton, John F. 'The Evidence for Andreas Capellanus Re-examined Again,' *Studies in Philology* 59 (1962) 471-8
Etude historique méticuleuse qui met en doute les rapports supposés entre André le Chapelain et la cour de Marie de Champagne.

156
Condren, Edward I. 'The Troubadour and his Labor of Love,' *Mediaeval Studies* 34 (1972) 174-95
C. maintient que la figure de l'amant qui cherche l'amour de sa dame représente à la vérité le poète à la recherche de la créativité poétique.

157
Ferrante, Joan M. *Woman as Image in Medieval Literature from the Twelfth Century to Dante* (New York et Londres 1975). Pp. 166
Chapitres sur l'exégèse biblique, l'allégorie, la littérature courtoise, le 13e siècle, Dante.

158
Gay-Crosier, Raymond. *Religious Elements in the Secular Lyrics of the Troubadours.* University of North Carolina Studies in the Romance Languages and Literatures 111 (Chapel Hill 1971). Pp. 109
Commentaire analytique des recherches récentes dans le domaine des influences chrétiennes sur la poésie des troubadours.

159
Guiraud, Pierre, 'Les structures étymologiques du *trobar*,' *Poétique* 2 (1971) 417-26
Etude originale de la poésie des troubadours en tant que création verbale esthétique; les poètes chantent la joie de chanter, joie qui trouve sa forme exemplaire dans la figure de la joie amoureuse.

160
Köhler, Erich. 'Les troubadours et la jalousie,' *Mélanges Frappier* (voir 37) I, 543-59
Le concept paradoxal de la jalousie représente, selon K. le reflet psychologique des efforts de la basse noblesse vers l'intégration sociale avec l'aristocratie établie — la figure de la *domna* doit rester une possession communautaire.

161
Köhler, Erich. 'Bravoure, savoir, richesse, et amour dans les jeux-partis des troubadours,' *Estudis romànics* 5 (1955-6) 95-110
Discussion des vertus les plus admirées par les troubadours, à l'appui de la théorie de K. sur l'évolution sociale de la basse noblesse, selon laquelle les troubadours agissent en porte-parole de la classe des jeunes chevaliers.

162
Leube-Fey, Christiane. *Bild und Funktion der* dompna *in der Lyrik der Trobadors.* Studia romanica 21 (Heidelberg 1971). Pp. 152
Analyse des moyens de présentation de la dame dans la *canso*, le *salut*, et la *pastorela*, avec une considération des sources rhétoriques latines.

163
Manning, Steven. 'Game and Earnest in Middle English and Provençal Love Lyrics,' *Comparative Literature* 18 (1966) 225-41
Le contenu thématique étant basé sur le rituel de la cour, la sincérité des troubadours est à chercher dans l'exécution des chansons devant un auditoire, l'originalité dans la forme vivante.

164
Paden, William D., Jr., et al. 'The Troubadour's Lady: Her Marital Status and Social Rank,' *Studies in Philology* 72 (1975) 28-50
Réfutation documentée de l'opinion commune selon laquelle la *domna* des troubadours serait mariée et de rang social supérieur au poète. C'est d'ailleurs l'expression esthétique de l'émotion amoureuse qui motive les efforts des poètes, et non pas la réalité de l'objet aimé.

165
Perella, Nicolas J. *The Kiss Sacred and Profane: An Interpretative History of Kiss Symbolism and Related Religio-Erotic Themes* (Berkeley et Los Angeles 1969). Pp. 356
Histoire du thème depuis les origines de la chrétienté jusqu'à l'époque moderne. Voir surtout pp. 84-123, 'The Medieval Love Lyric'; et en appendice, pp. 260-69, 'Christian Elements and the Kiss Motif in the Troubadour Lyric.' Pour P., il s'agit chez les troubadours de la transposition des traditions chrétiennes en valeurs profanes.

166
Press, Alan R. 'The Adulterous Nature of *Fin'amors:* A Re-examination of the Theory,' *Forum for Modern Language Studies* 6 (1970) 327-41
P. combat la notion d'une société aristocratique comptant une majorité de jeunes hommes socialement et sexuellement frustrés, papillotant autour de

la femme du seigneur, et rejète la notion de l'amour nécessairement adultère des troubadours. Cf. Paden **164** et les vues opposées de Köhler **140** et **173**.

167
Topsfield, Leslie T. 'Three Levels of Love in the Poetry of the Early Troubadours, Guilhem IX, Marcabru, and Jaufre Rudel,' *Mélanges Boutière* (voir **34**) 571-87
Les poètes nommés distinguent les trois niveaux du désir sensuel, de la joie illusoire des rêves, et de la suprême joie transcendentale, en les employant souvent pour structurer leurs poèmes.

La terminologie de la *fin'amor*

168
Camproux, Charles. 'A propos de *joi*,' *Mélanges Frank* (voir **36**), 100-17
Pour expliquer la multiplicité des significations de *joi*, C. propose *joculum* comme étymon de *joi, gaudium* de *gaug*.

169
Cropp, Glynnis M. *Le Vocabulaire courtois des troubadours de l'époque classique* (Genéve 1975). Pp. 512
Dépouillement et classement systématique du vocabulaire de l'amour, depuis les termes concrets qui nomment la dame et l'amant jusqu'aux subtilités abstraites et nuancées de l'aspect sociologique de la *fin'amor*. Voir aussi le compte-rendu détaillé de C. Camproux, *Revue des langues romanes* 81 (1975) 577-86.

170
Cropp, Glynnis M. 'L'ancien provençal *retener:* Son sens et son emploi dans la poésie des troubadours,' *Mélanges Rostaing* (voir **40**) 179-200
Etude d'un terme féodal indiquant que le seigneur accepte le service d'un vassal; chez les troubadours il acquiert des valeurs courtoises nouvelles.

171
Dragonetti, Roger. '*Aizi* et *aizimen* chez les plus anciens troubadours,' *Mélanges Delbouille* (voir **35**) II, 127-53
A partir de quelques poèmes de Guilhem de Peitieu, de Jaufre Rudel, et de Marcabru, D. montre que les termes *aizi, aizimen* se justifient par la conception de l'amour comme une sorte de paradis, un espace privilégié, lié avec la notion d'harmonie et d'accord – le *locus amoenus* physique et spirituel de l'amour parfait.

172
Hackett, Winifred M. 'Le problème de *midons*,' *Mélanges Boutière* (voir **34**) 285-94
Enquête partielle sur le sens et la forme de *midons*, qui met en doute la théorie de l'origine féodale du terme, mais qui laisse ouverte la question de l'origine arabe.

173
Köhler, Erich. 'Sens et fonction du terme *jeunesse* dans la poésie des troubadours,' *Mélanges offerts à René Crozet* (Poitiers 1966) 569-83
K. maintient que *jove* et *jovens* prennent leur valeur sémantique dans la classe sociale de la petite aristocratie, avec laquelle les troubadours éprouvent une solidarité d'esprit, au point de devenir les 'porte-parole' de ses aspirations sociales. Cf. Köhler **140, 160**.

174
Lavis, Georges. *L'Expression de l'affectivité dans la poésie lyrique française du moyen âge (XIIe-XIIIe siècles); étude sémantique et stylistique du réseau lexical* joie-dolor. Bibliothèque de la Faculté des Lettres de l'Université de Liège 200 (Paris 1972). Pp. 629
Etude approfondie des notions centrales de la possession du bien désiré (*joie*) et de la privation (*dolor*) dans l'oeuvre de 24 troubadours et de la totalité des trouvères; le temps poétique est contrôlé par le mélange de ces deux éléments. Voir l'étude semblable de Bec **339** sur Bernart de Ventadorn.

175
Lazar, Moshé. 'Les éléments constitutifs de la *cortezia* dans la lyrique des troubadours,' *Studi mediolatini e volgari* 6-7 (1959) 68-96. Article repris en plus bref dans Lazar **151**, premier chapitre
Définitions précises de *courtoisie, cortezia, amour courtois, fin'amor;* discussion des trois vertus fondamentales du *fin amant:* vertu sociale (*cortezia*), psychologique (*mezura*), et morale (*jovens*).

176
Margoni, Ivos. Fin'amors, mezura, e cortezia: *Saggio sulla lirica provenzale del XII secolo* (Milan et Varèse 1965). Pp. 234
Analyse sémantique des mots-clef de la poésie des troubadours à la lumière d'une perspective socio-culturelle, qui voit l'origine de la poésie dans un effort de la part de l'aristocratie de se créer une culture indépendante des principes religieux.

177
Pollmann, Leo. 'Joi e solatz (Zur Geschichte einer Begriffskontamination),'

Zeitschrift für romanische Philologie 80 (1964) 256-68
Le bonheur transitoire des troubadours est fait de la notion positive du bonheur parfait (*joi*), combinée avec le sentiment de la consolation (*solatz*) qui vient à la fin d'une quête douloureuse constamment recommencée.

178
Schuchard, Barbara. *Valor: Zu seiner Wortgeschichte im Lateinischen und Romanischen des Mittelalters.* Romanistische Versuche und Vorarbeiten 31 (Bonn 1970). Pp. 220
Etude de l'emploi du mot et de sa famille en latin, en ancien français, et en ancien occitan, avec un aperçu de son emploi en italien et en catalan. S. ne trouve aucune interprétation du mot qui soit valable pour tous les troubadours.

179
Sutherland, Dorothy R. 'The Love Meditation in Courtly Literature (A Study of the Terminology and its Developments in Old Provençal and Old French),' *Studies in Medieval French Presented to Alfred Ewert* (Oxford 1961) 165-93
Analyse très détaillée des trois groupes de mots qui servent à caractériser différemment l'état de méditation amoureuse des poètes: *s'oblidar, cossirar* et *pessar, cuidar.*

Voir aussi Bec **42**, 15-35; Gay-Crosier **158**, 44-62; Lazar **151**, chaps. I et II; Nelli **152**.

ANALYSES DE STYLE ET D'ESTHETIQUE

Etudes générales

180
Aston, Stanley C. 'The Troubadours and the Concept of Style,' *Stil- und Formprobleme in der Literatur.* Vorträge des VII. Kongresses der internazionalen Vereinigung für moderne Sprachen und Literaturen in Heidelberg, 26-31 August 1957 (International Federation of Modern Languages and Literatures), éd. Paul Böckmann (Heidelberg 1959) 142-7
A. indique le danger d'appliquer à la poésie du 12e siècle les jugements rétrospectifs du 13e (Dante, *vidas, Razos de trobar, Leys d'amors*); cette poésie n'est pas statique, mais au contraire très variée et en pleine évolution.

181
Bec, Pierre. 'Quelques réflexions sur la poésie lyrique médiévale: Problèmes et essai de caractérisation,' *Mélanges Lejeune* (voir **39**) 1309-29
Remarques profondes et claires sur les problèmes et la méthodologie de l'analyse des trouvères et des troubadours, précédées par une discussion sur la question insoluble des origines.

182
Dragonetti, Roger. *La Technique poétique des trouvères dans la chanson courtoise* (Bruges 1960). Pp. vii + 702
Analyse exhaustive des ressources rhétoriques (formelles) de la poésie des trouvères, méthode qui s'applique aussi à l'oeuvre des troubadours; notion féconde de la 'convenance'; conformité entre le style du poème et son contenu.

183
Guiette, Robert. *D'une Poésie formelle en France au moyen âge* (Paris 1972). Pp. 93
Etude séminale parue pour la première fois dans *Revue des sciences humaines* 54 (1949) 61-9, réimprimée avec l'addition de trois textes complémentaires dans *Romanica gandensia* 8 (1960) 9-32, le tout reproduit ici avec l'addition d'un avant-propos de cinq pages. C'est le texte qui a donné l'impulsion à une série d'études 'formelles' de la lyrique médiévale.

184
Lejeune, Rita. 'Thèmes communs de troubadours et vie de sociètè,' *Actes II* (voir **32**) 75-88
Exploration nuancée des rapports entre un groupe de troubadours 'qui se sont connus, cités, imités, moqués et qui se sont poussés aux sommets de leur art raffiné,' et leur auditoire initié qui a joué un rôle essentiel dans l'évolution de la poésie. Etude de deux thèmes spécifiques: l'alouette chez Bernart de Ventadorn et Peire d'Alvernhe, et la lettre d'amour portée par un oiseau chez Marcabru et Peire d'Alvernhe, pour illustrer les procédés de la parodie.

185
Paterson, Linda. *Troubadours and Eloquence* (Oxford 1975). Pp. x + 244
Etude valable mais trop ambitieuse de la rhétorique des troubadours; P. traite l'ensemble du mouvement poétique comme s'il s'agissait d'un bloc homogène. Cf. compte-rendu de P. Dronke, *Times Literary Supplement* du 12 septembre 1975, p. 1023.

186
Zumthor, Paul. *Essai de poétique médiévale* (Paris 1972). Pp. 520
Oeuvre originale, riche en aperçus nouveaux sur la nature et le sens de la poésie médiévale, par exemple le principe de la 'mouvance' du texte médiéval, pp. 64-75. Voir surtout 'Le grand chant courtois,' pp. 189-243. Bibliographie détaillée, pp. 485-503.

Etudes spécialisées

187
Akehurst, Frank R. 'The Troubadours as Intellectuals,' *Mosaic* 8, no. 4 (juillet 1975) 121-34
Bien que les troubadours n'aient pas eu de formation intellectuelle rigoureuse, ils ont subi l'influence des écoles, et ils savent employer la casuistique dialectique pour explorer les problèmes de l'irrationnalité; A. suggère plusieurs parallèles socio-culturels entre l'Occitanie du 12e siècle et la Grèce ancienne.

188
Braet, Herman. '*Visio amoris:* Genèse et signification d'un thème de la poésie provençale,' *Mélanges Rostaing* (voir **40**) 89-99
Le thème du songe n'a pas, comme dans les chansons de geste, une valeur prophétique surnaturelle; son succès s'explique par le statut quasi fictif du culte amoureux: les troubadours cherchent non pas la réalité mais une 'fiction concrétisée dans la parole du chant.' Cf. l'article complémentaire de Fernández-Pereiro **845**.

189
Cherchi, Paolo. 'Gli *adynata* dei trovatori,' *Modern Philology* 68 (1970-71) 223-42
Analyse de l'emploi de cette figure de rhétorique (impossibilité, contradiction de l'ordre naturel), avec indication des sources en latin classique et médiéval.

190
D'Heur, Jean-Marie, 'Le motif du vent venu du pays de l'être aimé, l'invocation au vent, l'invocation aux vagues: Recherches sur une tradition de la lyrique romane des XIIe-XIIIe ss. (litt. d'oc, d'oïl, et galiégo-portugais),' *Zeitschrift für romanische Philologie* 88 (1972) 69-104
Analyse du motif traditionnel dans plusieurs poèmes occitans aussi bien que dans les littératures française et galiégo-portugaise; considération du problème des origines.

191

Fernández-Pereiro, Nydia G. de. *Originalidad y sinceridad en la poesía de amor trovadoresca* (La Plata 1968). Pp. vii + 190

F. définit la lyrique des troubadours comme une poésie éthico-sociale dans laquelle la création d'un poème est un acte de foi qui confirme la valeur de l'idéal culturel (sincérité) dans une forme de plus en plus perfectionnée (originalité).

192

Goldin, Frederick. 'The Array of Perspectives in the Early Courtly Love Lyric,' *In Pursuit of Perfection: Courtly Love in Medieval Literature*, éd. Joan M. Ferrante et George Economou (Port Washington, N.Y. et Londres 1975) 51-100

Selon G., la perspective des chansons troubadouresques change constamment, puisque le poète répond aux attitudes différentes de ses auditeurs; les auditeurs participent donc à la création ou 'recréation' de chaque poème.

193

Goldin, Frederick. *The Mirror of Narcissus in the Courtly Love Lyric* (Ithaca 1967). Pp. vii + 272

Etude d'ensemble du thème en France et en Allemagne; le miroir indique l'idéal social que le poète doit essayer d'atteindre. Voir surtout pp. 69-106, analyses détaillées de poèmes de Guiraut de Calanso, d'Aimeric de Peguilhan, et de Bernart de Ventadorn.

194

Kittel, Muriel. 'Humility in Old Provençal and Early Italian Poetry: Resemblance and Contrast,' *Romance Philology* 27 (1973-4) 158-71

Etude du double aspect paradoxal de l'humilité (appliqué tantôt au poète, tantôt à la dame) dans l'oeuvre de plusieurs troubadours et dans les romans de *Jaufre* et de *Flamenca*. Les poètes de l'école sicilienne ont exagéré la bassesse de l'amant et la fierté de la dame, mais la tradition a été renouvelée et approfondie par Dante.

195

Nichols, Stephen G., Jr. 'Rhetorical Metamorphosis in the Troubadour Lyric,' *Mélanges Le Gentil* (voir 38) 569-85

N. analyse l'importance du thème de la transformation brusque de la vie du poète sous les effets de l'amour, et les conséquences de cette force sur son état physique et psychique.

196

Pasero, Nicolò. '*Devinalh* "non-senso" e "interiorizzazione testuale":

Osservationi sui rapporti fra struttore formali e contenuti ideologici nella poesia provenzale,' *Cultura neolatina* 28 (1968) 113-46
Analyse structurelle de plusieurs *devinalhs* par Guilhem de Peitieu, Raimbaut d'Aurenga, Guiraut de Bornelh, Raimbaut de Vaqueiras, et Peire Cardenal; considération de l'interaction entre la structure formelle et le niveau référentiel des textes.

197
Payen, Jean-C. 'L'espace et le temps de la chanson courtoise occitane,' *Présence des troubadours* (voir **111**) 143-67
P. étudie l'établissement chez les troubadours de l'opposition entre le réel et le rêve, et surtout de la notion du passé nostalgique qui rend possible l'idéal de l'amour et l'espérance de le retrouver. Voir aussi un article semblable du même auteur sur la chanson de croisade, *Cahiers de civilisation médiévale* 17 (1974) 247-55.

198
Smith, Nathaniel B. *Figures of Repetition in the Old Provençal Lyric: A Study in the Style of the Troubadours.* University of North Carolina Studies in the Romance Languages and Literatures (Chapel Hill 1976) Pp. 317
S. analyse les figures de répétition (de mots, de racines, de sons, etc.), selon les traditions rhétoriques médiévales et à la lumière de la critique moderne; il y voit la caractéristique la plus constante et la plus typique du style des troubadours.

199
Sutherland, Dorothy R. 'L'élément théâtral dans *la canso* chez les troubadours de l'époque classique,' *Actes III* (voir **32**) 95-101
Selon S., l'élément personnel dans l'oeuvre des troubadours est à expliquer par la nécessité imposée sur chaque poète de se faire distinguer de ses collègues en cultivant une spécialité, une image professionnelle.

200
Ziltener, Werner. *Repertorium der Gleichnisse und bildhaften Vergleiche der okzitanischen und der französischen Versliteratur des Mittelalters,* I: *Unbelebte Natur* (Berne 1972). Pp. xviii + cols. 94
Index détaillé et complet des figures de style métaphoriques; ce premier volume est limité au domaine de la nature inanimée. Le volume est accompagné par une étude d'ensemble qui porte sur le même sujet: *Studien zur bildungsgeschichtlichen Eigenart der höfischen Dichtung: Antike und Christentum in okzitanischen und altfranzösischen Vergleichen aus der unbelebten Natur.* Romanica helvetica 83 (Berne 1972), 237 pp.

201
Zumthor, Paul. 'Des paragrammes chez les troubadours?' *Romanic Review* 15 (1974) 1-12; article reproduit avec quelques modifications dans Paul Zumthor, *Langue, texte, énigme* (Paris 1975) 55-67
Z. analyse la proportion relative des phonèmes dans quelques *cansos*, à la recherche d'un mot ou notion caché (hypophone) qui porterait une partie du message poétique; résultats peu concluants; Z. conseille la prudence.

Voir aussi Köhler 212, Nichols 211.

Le problème du *trobar clus*

202
Del Monte, Alberto. *Studi sulla poesia ermetica medievale* (Naples 1953). Pp. 193
Introduction générale au style obscur en latin et à ses rapports avec le *trobar clus;* chapitres consacrés à Bernart Marti, à Arnaut Daniel, et à Gavaudan.

203
Frappier, Jean. 'Aspects de l'hermétisme dans la poésie médiévale,' *Cahiers de l'Association internationale des études françaises* 15 (1963) 9-24
F. croit que la poésie des troubadours ne démontre qu'un début d'hermétisme; le *trobar clus*, l'allégorie, le maniérisme, la symbolique représentent plutôt le langage figuré que l'hermétisme voulu.

204
Köhler, Erich. '*Trobar clus:* Discussione aperta; Marcabru und die beiden Schulen,' *Cultura neolatina* 30 (1970) 300-14
K. souligne l'importance de la perspective socio-historique dans l'effort de clarifier le problème des 'deux écoles'; Marcabru, appelé 'réaliste', est le plus idéaliste en insistant aggressivement sur la moralité; Jaufre Rudel est plutôt 'réaliste' dans sa complaisance aristocratique.

205
Mölk, Ulrich. Trobar clus, trobar leu: *Studien zur Dichtungstheorie der Trobadors* (Munich 1968). Pp. 204
Etude dense et précise de la question des écoles poétiques et des théories de style chez les troubadours. Considération de la théorie des origines latines à la lumière des traditions bibliques et rhétoriques.

206
Pollmann, Leo. Trobar clus, *Bibelexegese, und hispano-arabische Literatur.*
Forschungen zur romanischen Philologie 16 (Münster 1965). Pp. 96
Selon P., le *trobar clus* a des origines multiples: il vient pour l'essentiel de la littérature arabe, mais quelques-uns de ses éléments viennent de l'exégèse biblique médiévale et des tendances didactiques de l'Eglise chrétienne.

207
Roncaglia, Aurelio. '*Trobar clus:* Discussione aperta,' *Cultura neolatina* 29 (1969) 5-55
Selon R., la notion 'trobar naturau' de Marcabru est identique à la *fin'amor;* il y a des parallèles évidents entre les principes de la moralité et l'amour 'naturels' de Guillaume de St.-Thierry et l'insistance de Marcabru sur l'amour 'pur,' ennemi juré de l'amour charnel ou concupiscence.

LES GENRES LYRIQUES

Etudes générales

208
Neumeister, Sebastian. 'Le classement des genres lyriques des troubadours,' *Actes VI* (voir 32) 401-15
N. souligne l'importance des rapports entre la littérature et la société, et propose un nouveau classement des genres selon qu'ils servent à des fins dans la réalité 'extérieure' (*dansa, balada, sirventès, tenso, planh*), ou qu'ils restent détachés de cette réalité (*partimen, descort*), ou encore qu'ils donnent un sens nouveau à la réalité par leur structure formelle (*canso, alba, pastorela*).

209
Bec, Pierre. 'Genres et registres dans la lyrique médiévale des XIIe et XIIIe siècles; essai de classement typologique,' *Revue de linguistique romane* 38 (1974) 26-39
Système de classement qui distingue le registre *aristocratisant* et le registre *popularisant,* nuancé par l'idée des genres d'intérêt surtout *thématique* contrastés avec ceux qui sont plutôt d'intérêt *formel.* Schéma logique qui recouvre toute la variété des genres lyriques occitans et français du moyen âge.

210
Jauss, Hans R. 'Theorie der Gattungen und Literatur des Mittelalters,' Jauss **102**, I, 107-38; le même article en français, raccourci par l'omission des sections 8 et 9 et du schéma de la section 3, *Poétique* 1 (1970) 79-101
Présentation claire et précise de la question générale des genres littéraires, surtout dans son application à la littérature médiévale qui est sans continuité directe avec les systèmes de classement modernes. J. souligne l'importance des considérations sociologiques pour arriver à une compréhension réelle du fonctionnement des genres médiévaux.

Voir aussi Rieger **215**, 1-43.

La *canso*

211
Nichols, Stephen G., Jr. 'Toward an Aesthetic of the Provençal *Canso*,' *The Disciplines of Criticism*, éd. Peter Demetz et al. (New Haven 1968) 349-74
En insistant sur l'importance du contenu des poèmes en face des études formelles, N. identifie trois variétés de *canso:* empirique, contemplative, et gnomique, répondant à trois différentes perspectives adoptées par le poète envers son sujet. Voir aussi l'article complémentaire de Nichols **487**.

212
Köhler, Erich. 'Zur Struktur der altprovenzalischen Kanzone,' *Esprit und arkadische Freiheit* (Frankfurt 1966) 28-45; le même texte en français, *Cahiers de civilisation médiévale* 7 (1964) 40-51
La structure de la *canso* est déterminée par la notion de l'intégration sociale de la nouvelle classe noble avec l'aristocratie établie; les nouveaux sont encouragés et rejetés à la fois; la tension est constante et nécessaire; K. illustre ses idées en commentant *Quan vei la lauzeta* de Bernart de Ventadorn.

213
Marshall, John H. 'Le *vers* au XIIe siècle: genre poétique?' *Actes III* (voir **32**) 55-63
Après 1250, *vers* désigne un poème didactique et moral; jusqu'à 1150-1160, le mot est synonyme de 'poème lyrique'; entre 1150 et 1250, *vers* rivalise avec le mot *canso* pour désigner la 'chanson courtoise', avec valeur péjorative pour les uns, élogieuse pour les autres. Voir aussi Mölk **453**, 127-33.

Le *sirventès*

214
Méjean, Suzanne. *La Chanson satirique provençale au moyen âge: Choix de textes avec introduction et glossaire* (Paris 1971). Pp. ix + 220
C'est une anthologie de 30 *sirventès*, par 11 troubadours, avec introduction grammaticale et glossaire; ne donne aucune introduction littéraire.

215
Rieger, Dietmar. *Gattungen und Gattungsbezeichnungen der Trobadorlyrik: Untersuchungen zum altprovenzalischen* Sirventes. Beihefte zur Zeitschrift für romanische Philologie 148 (Tubingue 1976). Pp. viii + 324
Etude approfondie du genre du *sirventès* et de sa place dans le système de tous les genres lyriques; considération des motivations socio-historiques qui illuminent sa création et son évolution.

216
Klein, Karen W. *The Partisan Voice: A Study of the Political Lyric in France and Germany, 1180-1230.* Studies in General and Comparative Literature 7 (La Haye et Paris). Pp. 212
Etude centrée autour des deux poètes Bertran de Born et Walther von der Vogelweide, avec en appendice une liste de tous les poèmes politiques français et allemands employés dans l'étude.

217
Köhler, Erich. 'Die *Sirventes-Kanzone:* "genre bâtard" oder legitime Gattung?' *Mélanges Lejeune* (voir 39) 159-83
Non seulement un genre légitime, mais selon K. c'est la forme la plus apte à exprimer la nature paradoxale de la *fin'amor*, puisqu'elle combine l'idéal et le réel, le service de la dame et le service du seigneur.

218
Méjean, Suzanne. 'Contribution à l'étude du *sirventes joglaresc*,' *Mélanges Boutière* (voir 34) 377-95
M. identifie une variété de *sirventès* personnel assez répandue mais non pas précisément reconnue comme genre distinct.

La *tenso* et le *partimen*

219
Jones, David J. *La Tenson provençale, étude d'un genre poétique suivie d'une edition critique de quatre tensons et d'une liste complète des tensons*

provençales (Paris 1934). Pp. 113
Etude sur la définition, les origines, le contenu, et la forme des *tensos* occitanes; édition de 4 *tensos*, P-C 149, 1; 191, 2; 458, 1; 52, 3 (pour le système de numérotation des poèmes, voir Pillet 2), avec traduction française et notes; index de 65 *tensos*.

220
Köhler, Erich. 'Zur Entstehung des altprovenzalischen Streitgedichts,' *Zeitschrift für romanische Philologie* 75 (1959) 37-88; réimpr. dans *Trobadorlyrik und höfischer Roman*, Neue Beiträge zur Literaturwissenschaft 15 (Berlin 1962) 153-92
K. voit l'origine du *partimen* dans la structure dialectique de la pensée scholastique typique de l'époque, la même structure qui explique le développement parallèle mais indépendant du *conflictus* latin.

221
Neumeister, Sebastian. *Das Spiel mit der höfischen Liebe: Das altprovenzalische Partimen*. Poetica, Beiheft 5 (Munich 1969). Pp. 214
Etude systématique du genre; N. distingue la *tenso* proprement dit, où deux poètes expriment leurs propres opinions divergeantes, et le *partimen* plus fréquent où le sujet et la perspective sont imposés et le débat est réduit à un jeu social raffiné mais stérile.

Voir aussi Neumeister **208**.

La *pastorela*

222
Audiau, Jean. *La Pastourelle dans la poésie occitane du moyen âge* (Paris 1923). Pp. 182
Choix de textes avec traductions et notes; introduction littéraire dépassée par la critique plus récente.

223
Köhler, Erich. 'La pastourelle dans la poésie des troubadours,' *Etudes de langue et de littérature du moyen âge offertes à Félix Lecoy* (Paris 1973) 279-92
Les pastourelles occitanes représentent des formes évoluées de la pastourelle française 'standard', en ce qu'elles traitent des valeurs paradoxales de la *fin'amor*, de manière parodique (Marcabru), sérieuse (Gavaudan), ou morale (Guiraut Riquier).

224
Radcliffe, Mary et G. Halligan. 'Etude du genre de la pastourelle,' *Journal of the Australasian Universities Language and Literature Association* 44 (1975) 220-46
Etude de l'évolution de la pastourelle occitane et française depuis le 12e siècle jusqu'à l'époque de Froissart.

225
Zink, Michel. *La Pastourelle: Poésie et folklore au moyen âge* (Paris et Montréal 1972). Pp. 160
Analyse fine de la musique, de la forme, et du sens des pastourelles françaises et occitanes. Z. souligne la complexité des traditions occitanes par contraste avec la relative simplicité des traditions françaises.

226
Biella, Ada. 'Considerazioni sull'origine e sulla diffusione della *pastorella*,' *Cultura neolatina* 25 (1965) 236-67
Etude détaillée de la tradition des pastourelles; les origines sont à chercher dans la lyrique latine médiévale, altérée par Marcabru qui est à la base de la tradition occitane; la tradition française est un affaiblissement du genre.

L'*alba*

227
Rieger, Dietmar. 'Zur Stellung des Tageliedes in der Trobadorlyrik,' *Zeitschrift für romanische Philologie* 87 (1971) 223-32
R. analyse les caractéristiques propres à l'*alba* et les rapports de l'*alba* avec la *fin'amor*.

228
Saville, Jonathan. *The Medieval Erotic* Alba: *Structure as Meaning* (New York et Londres 1972). Pp. xvii + 315
Etude approfondie de la forme, de l'histoire, et de la psychologie de l'aube dans les littératures médiévales de l'Europe; notion capitale de la temporalité (durée) essentielle de l'aube, qui fait contraste avec l'intemporalité de la chanson.

229
Hatto, Arthur T., éd. *Eos: An Enquiry into the Theme of Lovers' Meetings and Partings at Dawn in Poetry* (La Haye 1965). Pp. 854
Voir surtout pp. 344-89, chapitre écrit par Brian Woledge, 'Old French and Old Provençal'; étude et édition des neuf *albas* occitanes.

230
Mölk, Ulrich. 'A propos de la provenance du Codex Vaticanus Reginensis Latinus 1462, contenant l'aube bilingue du Xe ou XIe siècle,' *Mélanges Lejeune* (voir **39**) 37-43
Ample bibliographie sur ce poème énigmatique écrit en latin avec refrain occitan; M. prouve que le poème a été transcrit et peut-être composé à Fleury-sur-Loire.

Le *salut*

231
Bec, Pierre. 'Pour un essai de définition du *salut d'amour:* Les quatre inflexions sémantiques du terme. A propos du *salut* anonyme *Dompna, vos m'aves et amors*,' *Estudis romànics* 9 (1961) 191-201
Le *salut* continue la tradition de l'épistolographie latine médiévale; les thèmes sont identiques à ceux des *cansos,* mais la forme est narrative, l'intention est rationnelle et didactique.

232
Melli, Elio. 'I *salut* e l'epistolografia medievale,' *Convivium* 4 (1962) 385-98
M. voit le *salut* comme une expansion de la *salutatio* des *artes dictandi,* plutôt que comme une lettre en vers.

Voir aussi Bec **325**.

Le *descort*

233
Baum, Richard. 'Le *descort* ou l'anti-chanson,' *Mélanges Boutière* (voir **34**) 75-98
Présentation détaillée de l'état des recherches sur le *descort;* conclusion: il faut reprendre systématiquement la question; pour B. le *descort* est une chanson transposée par le procédé conscient de l'irrégularité.

234
Köhler, Erich. 'Deliberations on a Theory of the Genre of the Old Provençal *Descort*,' *Mélanges Bergin* (voir **33**) 1-13
Essai de définition du *descort,* surtout par rapport à la *canso* et au *lay;* selon K., l'élément essentiel est le vocabulaire, choisi pour exprimer la souffrance masochiste du coeur amoureux.

235
Maillard, Jean. 'Problèmes musicaux et littéraires du *descort*,' *Mélanges Frank* (voir **36**) 388-409
Liste des *descorts* et *lais* occitans et français, avec une analyse métrique et musicale. M. souligne l'importance de la mélodie pour bien comprendre le texte. Le *descort* est caractérisé par le déséquilibre mental du poète, qui se manifeste dans la structure du poème, et surtout dans l'alliance d'un texte et d'une mélodie dissemblables.

Le *lai*

236
Baum, Richard. 'Les troubadours et les *lais*,' *Zeitschrift für romanische Philologie* 85 (1969) 1-44
B. penche vers la théorie des origines liturgiques du genre; catalogue commenté de tous les emplois du mot *lais*, qui a une grande variété de significations.

237
Maillard, Jean. 'Evolution et esthétique du *lai* lyrique des origines à la fin du XIVe siècle.' Thèse pour le Doctorat d'Université (Paris 1963). Pp. xvii + 395
Discussion des théories sur l'origine du *lai;* définition et histoire du genre dans les littératures latine, celtique, germanique, française, et occitane; inventaire des *lais* et *descorts* d'oc et d'oïl jusqu'à Deschamps.

Le *planh*

238
Aston, Stanley C. 'The Provençal *Planh:* I, The Lament for a Prince,' *Mélanges Boutière* (voir **34**) 23-30; 'II, The Lament for a Lady,' *Mélanges Lejeune* (voir **39**) I, 57-65
Pour le premier groupe, A. démontre des ressemblances au *planctus* latin médiéval, bien que ce soit de pauvres stéréotypes; pour le second groupe A. tire des conclusions très négatives pour ce qui est de la valeur poétique.

239
Pellegrini, Silvio. 'Un topos letterario-storiografico: A proposito del compianto provenzale per Roberto d'Angio,' *Critica storica* 1 (1962) 10-22
P. indique que l'essentiel de la narration des derniers jours de Robert est

basé sur un thème littéraire qui existe depuis l'Antiquité.

Voir aussi Lucas **531**; Rieger **215**, **269-301**.

LA MUSIQUE DES TROUBADOURS

Présentations générales

240
Chailley, Jacques. *Histoire musicale du moyen-âge* (Paris 1950; 2e éd. révisée et mise à jour 1969). Pp. 336
Introduction générale destinée aux non-spécialistes. Voir surtout les chapitres IX à XI, pp. 89-147.

241
Machabey, Armand. 'Introduction à la lyrique musicale romane,' *Cahiers de civilisation médiévale* 2 (1959) 203-11 et 283-93
Le premier article examine les traditions des 9e-11e siècles, le deuxième traite le 11e siècle. Introduction précise sur les problèmes de notation, sur les traditions populaires et liturgiques, sur la musique des troubadours, des trouvères, des goliards.

242
Westrup, Jack A., éd. *The New Oxford History of Music*, II: *Early Medieval Music up to 1300* éd. Anselm Hughes (Londres 1955). Pp. xviii + 434
Voir chapitre VII, 'Medieval Song' par J. Westrup, pp. 220-69 et surtout 224-50 sur les troubadours et les trouvères. C'est la meilleure introduction générale à la musique des troubadours dans le contexte de l'évolution totale de la musique médiévale.

243
VanderWerf, Hendrik. *The Chansons of the Troubadours and Trouvères: A Study of the Melodies and their Relation to the Poems* (Utrecht 1972). Pp. 166
Belle introduction à l'étude musicale des chansons médiévales; W. combat la 'théorie modale' de la transcription mélodique (cf. Gennrich **244**) en y substituant l'idée d'un rythme libre et déclamatoire; texte et transcription mélodique de 4 poèmes occitans et de 11 poèmes français.

244
Gennrich, Friedrich. *Der musikalische Nachlass der Troubadours*, I: *Kritische*

Ausgabe der Melodien; II: *Kommentar;* III: *Prolegomena.* Summa musicae medii aevi 3, 4, et 15 (Darmstadt 1958, 1960, et 1965). Pp. xvi + 300, viii + 91, et xx + 212

Toutes les mélodies troubadouresques sont éditées selon le système 'modal', système encore controversé; introduction sur les origines et la transmission de la musique.

245
Maillard, Jean. 'Bilan d'un trésor mélodique,' *Présence des troubadours* (voir **111**) 93-118
Traitement un peu diffus de la place de la musique au moyen âge, avec des statistiques importantes sur les mélodies préservées; discographie de 12 disques reproduisant 24 chansons de 13 troubadours.

246
Petiot, André. 'La musique chez les troubadours,' *Actes II* (voir **32**) 105-12
Introduction élémentaire à l'étude musicologique des chansons; description claire des différentes sortes de notation médiévale et les difficultés de leur transcription.

Voir aussi Anglès **457**; Hughes **10**; Lommatzsch **49**; Marrou **108**, 79-98.

Etudes spécialisées

247
Maillard, Jean. 'Structures mélodiques complexes au moyen âge,' *Mélanges Le Gentil* (voir **38**) 523-39
Introduction sérieuse à l'analyse des structures mélodiques des troubadours et trouvères; pour illustrer la méthode, M. étudie le *descort* de Guilhem Augier Novella, P-C 205, 5 *Ses alegrage* (pour le système de numérotation des poèmes, voir Pillet 2).

248
Stäblein, Bruno. 'Zur Stilistik der Troubadourmelodien,' *Acta musicologica* 38 (1966) 27-46
S. essaie de caractériser trois styles mélodiques (Bernart de Ventadorn, Folquet de Marselha, Guiraut de Bornelh et Peire Vidal) pour souligner la riche variété de la musique troubadouresque.

249
Chailley, Jacques. 'Une nouvelle théorie sur la transcription des chansons des trouveurs,' *Romania* 78 (1957) 533-8

Résumé utile des théories sur le rythme des chansons; présentation d'une méthode de transcription basée sur les études de chansons folkloriques par Carlos Véga. Il s'agit d'une 'recréation' de la mélodie par analyse comparative.

250
Perrin, Robert H. 'Some Notes on the Troubadour Melodic Types,' *Journal of the American Musicological Society* 9 (1956) 12-18
P. démontre que les noms des formes poétiques ne sont pas valables pour les mélodies.

251
Husmann, Heinrich. 'Les époques de la musique provençale au moyen âge,' *Actes I* (voir **32**) 197-201
H. identifie trois époques: 1, des origines à 1180, compte syllabique; 2, 1180-1250, système modal; 3, après 1250, notation mensurale.

252
Machabey, Armand. 'Remarques sur les mélodies goliardiques,' *Cahiers de civilisation médiévale* 7 (1964) 257-78
Etude du corpus (ca. 50 mélodies) des *vaganti,* contemporains des troubadours; 4 transcriptions mélodiques avec une liste des *carmina* chantés.

253
Anglès, Higinio. 'El canto popular en las melodías de los trovadores provenzales,' *Anuario musical* 14 (1959) 3-23, et 15 (1960) 3-20
A. combat la théorie modale en insistant sur l'influence de la musique populaire et sur l'importance de l'intuition artistique; nouvelle transcription de 36 mélodies; comparaison de neuf versions de *Kalenda maya.*

254
Paganuzzi, Enrico. '*A l'entrada del tens clar* e *Kalenda maya:* Arie de danza in notazione non proporzionale,' *Convivium* 31 (1963) 272-9
Etude détaillée et nouvelle transcription mélodique des deux pièces 'populaires'.

255
Deroy, Jean. '*A l'entrade del tens clar* – Veris ad imperia,' *Mélanges Christine Mohrmann: Nouveau recueil, offert par ses anciens élèves* (Utrecht 1973) 191-208
D. donne le texte de la *balada* avec traduction française, et celui d'un conduit latin du 13e siècle construit sur la même mélodie; discussion des sources et de l'évolution des deux formes.

Voir aussi Farmer **128**, McPeek **542**, Scherner-Van Ortmerssen **335**, Switten **527**.

Anthologies mélodiques

256
Maillard, Jean. *Anthologie de chants de troubadours* (Nice 1967). Pp. xvi + 63
Texte et mélodie de 21 poèmes, dont le *Lai Markiel*.

257
Gennrich, Friedrich. *Lo Gai Saber: 50 ausgewählte Troubadourlieder. Melodie, Text, Kommentar, Formenlehre, und Glossar.* Musikwissenschaftliche Studienbibliothek 18 et 19 (Langen 1959). Pp. viii + 132.

258
Beck, Jean-Baptiste. *Anthologie de cent chansons de trouvères et de troubadours des 12e-13e siècles* (Philadelphie 1939). Pp. 102.

Voir aussi Gennrich **244**.

Chansons des troubadours sur disques

259
Jahiel, Edwin. 'French and Provençal Poet-Musicians of the Middle Ages: A Biblio-Discography,' *Romance Philology* 14 (1960-61) 200-07
Renseignements détaillés et précis sur 16 disques reproduisant environ 32 chansons de 11 troubadours connus et de 5 inconnus, en plus de renseignements analogues sur la poésie des trouvères.

260
Coover, James B. et Richard Colvig. *Medieval and Renaissance Music on Long-Playing Records.* Detroit Studies in Music Bibliography 6 (Detroit 1964). Pp. xii + 122. *Supplement 1962-71,* Detroit Studies in Music Bibliography 26 (Detroit 1973). Pp. 258
Renseignements sur 27 disques reproduisant environ 35 chansons de 14 troubadours connus et plusieurs inconnus, selon la production de la Grande Bretagne, de la France, de l'Italie, de l'Allemagne, et des Etats-Unis.

Voir aussi Maillard **245**; Riquer **50**, III, 1725-7.

III
La Poésie Lyrique des Troubadours: Textes et Etudes

AVERTISSEMENT

On connaît le nom de quelque 450 troubadours, mais la plupart de ces poètes sont restés obscurs à cause du petit nombre de leurs poèmes qui a été préservé. Dans le chapitre suivant, on trouvera 67 de ces troubadours jugés dignes d'intérêt par la critique moderne; le choix que j'ai fait n'est pas tout à fait arbitraire, étant basé sur la présence d'une étude ou édition assez récente. Les non-initiés peuvent facilement se faire une idée des poètes les plus intéressants en consultant les ouvrages d'introduction de Hoepffner **112**, Marks **107**, Topsfield **113**, et Wilhelm **114**, qui présentent respectivement 15, 8, 11, et 7 des 'meilleurs' troubadours. J'ai normalisé la forme des noms en employant partout la désignation occitane.

Le nom du troubadour est suivi du numéro d'ordre employé par Pillet-Carstens **2**, référence acceptée comme standard par la plupart des critiques modernes; ensuite du nombre de poèmes et de mélodies préservés, et des dates approximatives de l'activité poétique. Pour tous les troubadours connus, on peut consulter aussi la liste bio-bibliographique de Jeanroy **106**, I, 326-436 et les bibliographies de Pillet **2** et de Frank **60**. Tous les troubadours enregistrés ici, à la seule exception de Luquet Gatelus, sont présentés dans Riquer **50** (notice, suivie d'un choix de poèmes), et la plupart d'entre eux sont mentionnés dans Grente **101** et dans l'une ou l'autre des histoires littéraires **100** à **116**.

Les oeuvres lyriques des troubadours ont été toutes publiées, mais à différentes époques et selon différentes méthodes. Une édition collective du corpus entier est actuellement en préparation sous la direction de M. le professeur Ramón Aramon i Serra, directeur de l'Institut d'Estudis

Catalans à Barcelone. Le projet est décrit dans 'Le projet de corpus des troubadours de l'Union Académique Internationale,' *Actes III* (voir **32**) 8-12. Le corpus doit inclure toutes les oeuvres lyriques des troubadours dans 20 volumes d'environ 400 pages chacun. Aucun volume n'a paru jusqu'ici, mais plusieurs sont sur le point d'être achevés. Une série, intitulée Subsidia al Corpus des troubadours, a été créée à Rome pour la publication d'éditions et d'études préparatoires; deux volumes ont paru jusqu'ici: Pasero **411** et Picchio Simonelli **346**. Voir les rapports périodiques sur le progrès du Corpus dans le *Bulletin de l'Académie royale de Belgique, classe des lettres et sciences morales et politiques.*

TRADITION MANUSCRITE DES CHANSONNIERS

301
Avalle, D'Arco S. *La letteratura medievale in lingua d'oc nella sua tradizione manoscritta: Problemi di critica testuale.* Studi e ricerche 16 (Turin 1961). Pp. 228. Forme condensée du même texte, 'Überlieferungsgeschichte der altprovenzalischen Literatur,' *Geschichte der Textüberlieferung,* II: *Überlieferungsgeschichte der mittelalterlichen Literatur* (Zürich 1964) 261-318
Etude générale importante qui souligne la complexité des problèmes, mais qui ne peut pas entrer dans le détail de la tradition manuscrite. Pour un exemple d'investigation spécialisée et des indications bibliographiques, voir F. Zuffery, *Cultura neolatina* 33 (1973) 147-60 (Chansonnier A).

302
Pattison, Walter T. 'Some Considerations on the Relationship of the Provençal Chansonniers,' *Mélanges Lejeune* (voir **39**) 229-33
Basée sur les manuscrits qui contiennent des poèmes de Raimbaut d'Aurenga, cette étude montre l'extrême complexité historique des chansonniers, construits par un procédé d'emprunts à des sources très variées.

303
Marshall, John H. *The Transmission of Troubadour Poetry.* Inaugural Lecture Delivered at Westfield College, 5th March 1975 (Londres 1975). Pp. 28
Introduction excellente aux complexités codicologiques et aux problèmes de l'édition des poèmes des troubadours.

304
Brayer, Edith. 'La documentation photographique relative aux chansonniers français et provençaux,' *Bulletin d'information de l'Institut de recherche et d'histoire des textes* 2 (1953) 44-64

Renseignements sur une collection toujours croissante de reproductions photographiques des chansonniers provençaux et de quelques-uns des manuscrits narratifs, administrée par l'Institut à Paris. Pour les épopées voir *ibid.* 3 (1954) 65-70.

Voir aussi Riquer **50**, 11-19, 'Los cancioneros'; 1711-24, *passim*, liste de 18 éditions diplomatiques de chansonniers.

AIMERIC DE BELENOI

P-C 9; 15 poèmes, plus 7 d'attribution douteuse; 1210-42

305
Dumitrescu, Maria. *Poésies du troubadour Aimeric de Belenoi.* Société des anciens textes français (Paris 1935). Pp. 271
Introduction philologique, textes critiques avec traductions françaises, notes, glossaire. Voir les corrections textuelles proposées par R. Ruggieri, *Archivum romanicum* 22 (1937) 156-60, et surtout par K. Lewent, *Annales du Midi* 52 (1940) 22-49.

Voir aussi Lefèvre **726**; Riquer **50**, 1298-1310.

AIMERIC DE PEGUILHAN

P-C 10; 49 poèmes, dont 6 avec notation mélodique, plus 1 d'attribution douteuse; 1195-1225

306
Shepard, William P. et Frank M. Chambers. *The Poems of Aimeric de Peguilhan Edited and Translated with Introduction and Commentary* (Evanston Illinois 1950). Pp. vi + 254
Introduction philologique et littéraire, textes critiques avec traductions anglaises, notes, glossaire; les mélodies ne sont pas transcrites.
307
Chambers, Frank M. 'The Lady from Plazenza,' *French and Provençal Lexicography: Essays Presented to Honor Alexander Herman Schutz*, éd.

Urban T. Holmes et Kenneth R. Scholberg (Columbus 1964) 196-209
Analyse d'une strophe d'Aimeric comme exemple d'un jeu de mots sur les noms de lieu; le même procédé stylistique, popularisé par Peire Vidal, est étudié dans les oeuvres de cinq autres troubadours.

308
Lawner, Lynn. 'Tot es niens,' *Cultura neolatina* 31 (1971) 155-70
Analyse d'une *tenso* (P-C 10, 6 *Amics n'Albertz, tensos soven*) entre Aimeric et Albertet qui touche aux questions philosophiques contemporaines de l'être et du néant; le poème est lié par des allusions à l'oeuvre de Guilhem de Peitieu, de Raimbaut d'Aurenga, de Marcabru, de Guiraut de Bornelh, et de Bernart de Ventadorn.

Voir aussi Köhler **440**; Anglade **568**, 87-119; Riquer **50**, 963-82.

ALBERTET

P-C 16; appelé aussi Albertet de Sestairon; 21 poèmes, dont 3 avec notation mélodique, plus 4 d'attribution douteuse; 1210-25

309
Boutière, Jean. 'Les poésies du troubadour Albertet,' *Studi medievali* 10 (1937) 1-129
Textes critiques, introduction, traductions françaises, notes critiques, glossaire; en appendice, la réponse d'Aimeric de Belenoi à la pièce 4 d'Albertet.

Voir aussi Riquer **50**, 1129-38.

ARNAUT CATALAN

P-C 27; 11 poèmes; 1194-1222

310
Blasi, Ferruccio. *Le poesie del trovatore Arnaut Catalan*. Biblioteca dell' Archivum romanicum, série 1, 24 (Florence 1937). Pp. xxxi + 62
Introduction philologique, textes critiques avec traductions italiennes, glossaire.

311
Pellegrini, Silvio. 'Arnaut (Catalan?) e Alfonso X di Castiglia,' *Bollettino del Centro di studi filologici e linguistici siciliani* 7 (1962), Saggi e ricerche in memoria di Ettore Li Gotti II, 480-86
Edition d'un *partimen* gallégo-portugais et occitan qui rouvre la question de la datation et de l'attribution du célèbre 'partimen du pet' (P-C 25, 1 et 184, 1.)

Voir aussi Riquer **50**, 1349-54.

ARNAUT DANIEL

P-C 29; 18 poèmes, dont 2 avec notation mélodique, plus 1 d'attribution douteuse; 1180-1210

312
Toja, Gianluigi. *Arnaut Daniel: Canzoni. Edizione critica, studia introduttivo, commento, e traduzione* (Florence 1960). Pp. xiv + 422
Introduction philologique et littéraire très détaillée, textes critiques avec traductions italiennes, notes, et glossaire.

313
Lavaud, René. 'Les poésies d'Arnaut Daniel, réédition critique d'après Canello avec traduction française et notes,' *Annales du Midi* 22 (1910) 17-55, 162-79, 300-39, 446-66 et 23 (1911) 5-31
Commentaire et notes utiles qui ne sont pas toujours à trouver dans l'édition de Toja 312; traductions françaises.

314
Marshall, John H. 'La chanson provençale *Entre·l taur e·l doble signe* (P-C: 411, 3), une dix-neuvième chanson d'Arnaut Daniel?' *Romania* 90 (1969) 548-58
Edition critique du poème, attribué traditionnellement à Raimon Vidal de Besalù. Les ressemblances de style et de langue indiquent Arnaut comme auteur probable.

315
Toja, Gianluigi. 'La lingua di Arnaut Daniel,' *Cultura neolatina* 29 (1969) 56-83
Répertoire utile de l'exploitation poétique par Arnaut de diverses catégories phonétiques et morphologiques.

316
Pollmann, Leo. 'Arnaut Daniel und die Entdeckung des Raumes,' *Germanisch-romanische Monatsschrift* 15 (1965) 2-14
P. croit voir dans les poèmes d'Arnaut le premier emploi conscient de la perspective spatiale en trois dimensions; ceci, avec une tendance à la conception phénoménologique de l'expérience poétique, expliquerait l'admiration de Dante. Les interprétations de P. sont attrayantes, mais subjectives.

317
Battaglia, Salvatore. *Le rime* petrose *e la sestina (Arnaldo Daniello – Dante – Petrarca)* (Naples 1964). Pp. 139
L'étude date essentiellement de 1949. Voir surtout pp. 25-63: discussion de l'hermétisme et des structures formelles dans les poèmes d'Arnaut. Commentaire de trois poèmes (*L'aura amara*, P-C 29, 13; *Lo ferm voler*, P-C 29, 14; *Sols sui*, P-C 29, 18).

318
Wilhelm, James J. 'Arnaut Daniel's Legacy to Dante and to Pound,' *Mélanges Bergin* (voir **33**) 67-83
Discussion des jugements de Dante et de Pound concernant l'oeuvre d'Arnaut; tous deux ont vu le troubadour comme artisan suprême, mais aussi comme sensuel romantique.

319
Carroll, Carleton W. 'A Comparative Structural Analysis of Arnaut Daniel's *Lo ferm voler* and Peire Vidal's *Mout m'es ben e bel*,' *Neophilologus* 54 (1970) 338-46
Analyse schématique de la structure intérieure des deux poèmes; celui de Peire Vidal est plus compliqué dans la progression mathématique des rimes.

320
Oliver, Gabriel. '*Del ferm voler que non es de retomba* (Comentario de un verso de Arnaut Daniel),' *Boletín de la Real Academia de Buenas Letras de Barcelona* 35 (1973-4) 103-23
Nouvelle interprétation du vers 36 du poème P-C 29, 17 *Si·m fos Amors de joi donar tan larga*, passage mal interprété par Lavaud et par Toja. Le motif du choix *rationnel* qu'on y trouve est fréquent dans les poèmes d'Arnaut, et essentiel pour la compréhension de son interprétation de la *fin'amor*.

321
Riesz, Janos. *Die Sestine* (Munich 1971). Pp. 334
Etude historique de la forme de la sestine; pour la contribution d'Arnaut, voir pp. 49-62.

322

Bondanella, Peter E. 'Arnaut Daniel and Dante's *Rime Petrose:* A Re-Examination,' *Studies in Philology* 68 (1971) 416-34

Analyse des *sestinas* de Dante et d'Arnaut, qui révèle que c'est la poésie de Dante qui présente des strophes autonomes sans progression logique, et non pas celle d'Arnaut comme on a dit; B. soutient que Dante n'a pas réussi à dominer cette forme poétique complexe.

323

Jernigan, Charles. 'The Song of Nail and Uncle: Arnaut Daniel's Sestina *Lo ferm voler q'el cor m'intra,*' *Studies in Philology* 71 (1974) 127-51

Analyse très détaillée du poème qui en révèle la nature directement sensuelle; considération des sources de la forme de la sestine.

Voir aussi Cherchi **189**, 234-6; Del Monte **202**, 73-96; Hoepffner **112**, 94-9; Nichols **211**, 366-71; Riquer **50**, 605-46 et 859-62 (influence d'Arnaut sur Dante).

ARNAUT DE MARUELH

P-C 30; 25 poèmes lyriques, dont 6 avec notation mélodique, plus 4 d'attribution douteuse, 5 *salutz d'amor*, et 1 *ensenhamen;* 1171-90; pour l'*ensenhamen*, voir **708**

324

Johnston, Ronald C. *Les Poésies lyriques du troubadour Arnaut de Mareuil, publiées avec une introduction, une traduction, des notes, et un glossaire* (Paris 1935). Pp. xxxv + 180

Edition critique des poèmes lyriques avec traductions françaises, introduction philologique, glossaire.

325

Bec, Pierre. *Les* Saluts d'amour *du troubadour Arnaud de Mareuil, textes publiés avec une introduction, une traduction, et des notes.* Bibliothèque méridionale 31 (Toulouse 1961). Pp. 183

Edition des cinq *saluts* du poète, avec deux autres d'attribution douteuse; analyse du contenu des poèmes (par contraste avec l'étude formelle plus spécialisée **326**).

326
Bec, Pierre. 'L'introduction et la conclusion dans les *saluts d'amour* d'Arnaut de Mareuil,' *Mélanges Frank* (voir **36**) 39-50
B. trouve chez Arnaut un sens de la composition plus conscient et plus développé que chez la plupart des troubadours. Pour une définition du genre, basée surtout sur les poèmes d'Arnaut, voir Bec **231** et Melli **232**.

Voir aussi Riquer **50**, 647-69.

ARNAUT DE TINTINHAC

P-C 34; 4 poèmes; première moitié du 12e siècle

327
Mouzat, Jean-D. *Le Troubadour Arnaut de Tintinhac.* Publications de la Société des lettres, des sciences, et des arts, Tulle (Tulle 1956). Pp. 34
Introduction, textes critiques avec traductions françaises.

328
Mouzat, Jean-D. 'La langue de l'amour courtois chez le troubadour Arnaut de Tintinhac,' *Mélanges Frank* (voir **36**) 480-86
M. démontre la qualité simple, spontanée et positive de la langue, caractérisée par les mots clef *dezir* et *joi.*

Voir aussi Riquer **50**, 781-4.

BEATRITZ DE DIA — voir COMTESSA DE DIA

BERENGUIER DE PALAZOL

P-C 47; 12 poèmes, dont 8 avec notation mélodique; 13e siècle

329
Newcombe, Terence H. 'The Troubadour Berenger de Palazol: A Critical Edition of his Poems,' *Nottingham Mediaeval Studies* 15 (1971) 54-95

Brève introduction, textes critiques avec traductions anglaises, notes, glossaire.

Voir aussi Riquer **50**, 300-10.

BERNART MARTI

P-C 63; 9 poèmes; vers le milieu du 12e siècle

330
Hoepffner, Ernest. *Les Poésies de Bernart Marti*. Classiques français du moyen âge 61 (Paris 1929). Pp. x + 75
Brève introduction philologique, textes critiques avec traductions françaises, notes, glossaire.

331
Hoepffner, Ernest. 'Le troubadour Bernart Marti,' *Romania* 53 (1927) 103-50 et 54 (1928) 117-24
Etude approfondie sur la vie et l'oeuvre de Bernart, qui place le troubadour parmi les plus anciens poètes occitans et qui indique son originalité et son importance dans le développement de la poésie courtoise.

Voir aussi Del Monte **202**, 55-72; Pollmann **154**, 178-87; Riquer **50**, 245-57; Roncaglia **207**, 39-44.

BERNART DE VENTADORN

P-C 70; 44 poèmes, dont 18 avec notation mélodique; 1150-80

332
Lazar, Moshé. *Bernard de Ventadour, troubadour du XIIe siécle: Chansons d'amour, édition critique avec traduction, introduction, notes, et glossaire.* Bibliothèque française et romane, série B, 4 (Paris 1966). Pp. 311
Edition sûre et précise mais non pas exhaustive; voir le compte-rendu détaillé de W. Ziltener, *Zeitschrift für romanische Philologie* 88 (1972) 282-316. Pour les questions détaillées de critique textuelle, il faudra encore consulter l'édition de Carl Appel, *Bernart von Ventadorn, seine Lieder,*

mit Einleitung und Glossar (Halle 1915).

333
Nichols, Stephen G., Jr. et al. *The Songs of Bernart de Ventadorn.* University of North Carolina Studies in the Romance Languages and Literatures 39 (Chapel Hill 1962; 2e éd. révisée 1965). Pp. 235
Textes d'après l'édition d'Appel de 1915, avec traductions anglaises; introduction littéraire, notes textuelles, glossaire complet.

334
Billet, Léon. *Bernard de Ventadour, troubadour du XIIe siècle, promoteur de l'amour courtois: Sa vie − ses chansons d'amour* (Tulle 1974). Pp. 398
Longue introduction romancée sur le poète et sur la région de Ventadour; édition peu scientifique de 76 poèmes attribués trop généreusement à Bernart (y inclus toute l'oeuvre de Daude de Pradas, considéré comme pseudonyme de Bernart!); traductions françaises, glossaire.

335
Scherner-Van Ortmerssen, Gisela. *Die Text-Melodiestruktur in den Liedern des Bernart de Ventadorn.* Forschungen zur romanischen Philologie 21 (Münster 1973). Pp. viii + 292
Etude méticuleuse des structures intérieures des 18 poèmes de Bernart pour lesquels la mélodie a été préservée; analyse d'abord du texte du point de vue des structures métriques, syntaxiques, et sémantiques; analyse ensuite de la mélodie du point de vue de son contenu, de sa forme, et de sa syntaxe; considération enfin des rapports réciproques de toutes ces structures juxtaposées. Ce livre ouvre des perspectives nouvelles sur la richesse et la complexité de l'art des troubadours.

336
Bondanella, Peter E. 'The Theory of the Gothic Lyric and the Case of Bernart de Ventadorn,' *Neuphilologische Mitteilungen* 74 (1973) 369-81
Contre l'opinion générale (par exemple Goldin **193**, Nichols **211**), B. soutient que la poésie des troubadours révèle une structure rationnelle; analyse de *Quan vei la lauzeta* pour illustrer la présentation logique des émotions et la structure organisée de l'argumentation.

337
Akehurst, Frank R. 'Les étapes de l'amour chez Bernard de Ventadour,' *Cahiers de civilisation médiévale* 16 (1973) 133-47
Etude de la progression linéaire de la relation amoureuse par des étapes traditionnelles mais variables. A. essaie de cerner l'individualité du poète à travers les nuances de son attitude envers l'amour et envers la dame.

338
Ménard, Philippe. 'Le coeur dans les poésies de Bernard de Ventadour,' *Présence des troubadours* (voir **111**) 119-30
Etude suggestive du rôle joué par le motif du coeur chez Bernart, motif complexe et parfois ambigu, qui représente le centre profond du poète, le lien qui réunit le charnel au spirituel, le désir impulsif à la volonté réfléchie.

339
Bec, Pierre. 'L'antithèse poétique chez Bernard de Ventadour,' *Mélanges Boutière* (voir **34**) 107-37
Etude importante d'un aspect fondamental de l'esthétique troubadouresque: la dialectique verbale et thématique basée sur le jeu oppositionnel des formes et des idées contrastées, surtout la joie et la douleur. Voir aussi l'étude plus large mais moins approfondie de Lavis **174**.

340
Bec, Pierre. 'La douleur et son univers poétique chez Bernard de Ventadour: Essai d'analyse systématique,' *Cahiers de civilisation médiévale* 11 (1968) 545-71 et 12 (1969) 25-33
Etude approfondie de l'actualisation poétique de la douleur chez Bernart; inventaire et analyse des lexèmes, des chaînes sémiques et l'allitération.

341
Lazar, Moshé. 'Classification des thèmes amoureux et des images poétiques dans l'oeuvre de Bernard de Ventadour,' *Filologia romanza* 6 (1959) 371-400
Catalogue utile des thèmes amoureux groupés rationnellement par motifs, et des images groupées selon le domaine d'origine; les conclusions essentielles de cet article ont été reprises dans l'introduction de Lazar **332**, 17-27.

342
Regan, Mariann S. '*Amador* and *Chantador:* The Lover and the Poet in the *Cansos* of Bernart de Ventadorn,' *Philological Quarterly* 53 (1974) 10-28
Analyse de la perspective double dans la poésie de Bernart: le poète est généralement plus important que l'amant, le poème plus important que la dame.

343
Payen, Jean-C. '*Lo vers es fis e naturaus* (Notes sur la poétique de Bernard de Ventadour),' *Mélanges Rostaing* (voir **40**) 807-17
Commentaire détaillé des deux tornades du poème P-C 70, 15 *Chantars no pot gaires valer* dans un effort de saisir le mécanisme profond de la création poétique chez Bernart; l'inspiration du poète consiste surtout en 'la joie

même de la création belle, en même temps que l'allégresse du chant.'

344
Jackson, William T. 'Persona and Audience in Two Medieval Love Lyrics,' *Mosaic* 8, no. 4 (été 1975) 147-59
Comparaison du poème de Bernart (P-C 70, 30 *Lo tems vai e ven e vire*) et celui de Heinrich von Morungen, *Owe, war umbe volge ich tumbem wane;* en différenciant entre la *persona* du poète et celle de l'amant, J. réussit à identifier deux auditoires, deux buts, et à résoudre les contradictions apparentes.

345
Smith, Nathaniel B. '*Can vei la lauzeta mover:* Poet vs. Lark,' *South Atlantic Bulletin* 40 (1975) 15-22
Bernart ne s'identifie pas avec l'oiseau comme on le croit traditionnellement; l'alouette représente un amant heureux, tandis que le poète reste douloureux; leur parenté superficielle rehausse la force de la structure ironique.

Voir aussi Hoepffner **112**, 47-59; Köhler **212**, 47-51; Marks **107**, 160-70; Pollmann **154**, 116-65; Riquer **50**, 342-417; Wilhelm **114**, 109-30.

BERNART DE VENZAC

P-C 71; 6 poèmes; 1180-1210

346
Picchio Simonelli, Maria. *Lirica moralistica nell'Occitania del XII secolo: Bernart de Venzac.* Subsidia al Corpus des Troubadours 2; Studi, testi, e manuali, Istituto di filologia romanza dell'Università di Roma, 2 (Modène 1974). Pp. 332
Introduction philologique et littéraire, textes critiques avec traductions italiennes, notes, glossaire.

Voir aussi Riquer **50**, 1331-8.

BERTRAN D'ALAMANON

P-C 76; 22 poèmes; 1230-66

347
Salverda de Grave, Jean-J. *Le Troubadour Bertran d'Alamanon.* Bibliothèque méridionale 7 (Toulouse 1902). Pp. 214
Introduction, textes critiques avec traductions françaises, notes, glossaire.
348
Boni, Marco. 'Documenti poco noti riguardanti Bertran d'Alamanon,' *Bollettino del Centro di studi filologici e linguistici siciliani* 6 (1962) 212-23
Renseignements biographiques précis sur le troubadour, basés sur une vingtaine de documents ignorés ou peu utilisés jusqu'ici.

Voir aussi Riquer **50**, 1403-16.

BERTRAN DE BORN

P-C 80; 39 poèmes, dont 1 avec notation mélodique, plus 4 d'attribution douteuse; 1181-94

349
Appel, Carl. *Die Lieder Bertrans von Born.* Sammlung romanischer Übungstexte 19 et 20 (Halle 1932). Pp. iv + 100
Bonne édition des textes, avec glossaire, table généalogique, et carte, mais qui n'a ni notes, ni traduction. On trouvera des notes critiques utiles dans l'édition d'Albert Stimming, *Bertran von Born*, Romanische Bibliothek 8 (2e éd., Halle 1913). Une édition sous presse comportera des traductions anglaises: William D. Paden Jr. et al., *The Poems of the Troubadour Bertran de Born.*
350
Stronski, Stanislaw. *La Légende amoureuse de Bertran de Born* (Paris 1914). Pp. viii + 201
Ouvrage classique qui indique que les renseignements des *razos* sont sujets à caution, et qui donne beaucoup de détails historiques précis sur les familles nobles impliquées dans la vie mouventée du troubadour.

351
Paden, William D., Jr. 'Bertran de Born in Italy,' *Mélanges Bergin* (voir **33**) 39-66
Etude de la réputation légendaire de Bertran en Italie, qui explique le rôle étrange joué par Bertran dans l'*Inferno* de Dante; édition de trois poèmes anonymes qui ont aidé à créer la légende.

352
Ehnert, Rolf. 'Les amours politiques de Bertran de Born,' *Neuphilologische Mitteilungen* 77 (1976) 128-43
Nouvelle perspective sur l'art de Bertran et sur la signification du thème de l'amour dans ses *sirventès:* la dame symbolise le suzerain (Henri au Court Mantel ou plus souvent Richard), les images empruntées au domaine de l'amour sont des métaphores appliquées aux événements politiques.

353
Klein, Karen W. 'The Political Message of Bertran de Born,' *Studies in Philology* 65 (1968) 612-30
Clarification de la position historique de Bertran et du rôle de la politique dans ses poèmes. L'attitude du troubadour envers la guerre reflète la réalité de la société féodale où l'action militaire est la source essentielle du *pretz*.

354
Kellermann, Wilhelm. 'Bertran de Born und Herzogin Mathilde von Sachsen,' *Etudes de civilisation médiévale, IXe-XIIe siècles: Mélanges offerts à Edmond-René Labande* (Poitiers 1974) 447-60
Commentaire du poème P-C 80, 19 *Ges de disnar* et de sa *razo* dans le contexte des quelques poèmes d'amour de Bertran; c'est un joyau par sa forme et par son style, qui révèle une structure arithmétique raffinée.

355
Ehnert, Rolf. 'Wer ist Na Tempra? Zu zwei Gedichten Bertrans de Born,' *Germanisch-romanische Monatsschrift* 54 (1973) 153-69
Commentaire de deux poèmes de Bertran (P-C 80, 21 *Ges no me desconort* et 80, 36 *Rassa, mes se*) et de la *razo* qui accompagne le premier; les poèmes sont reproduits avec traduction allemande; Na Tempra désigne probablement Geoffroy de Bretagne.

356
Viscardi, Antonio. '*E per chamis non anara saumiers jorn afiats ni borges ses doptanza ni merchadiers...*,' *Mélanges Frappier* (voir **37**) 1085-93
Nouvelle interprétation des vers 19-24 du poème P-C 80, 25 *Mieg sirventes voill*. Au lieu de révéler un aventurier sans scrupules (notion traditionnelle,

suivant Jeanroy), le passage indique, selon V., un poète-chevalier qui serait étonnamment conscient de l'évolution socio-économique de son époque et qui exprimerait en forme de protestation son mépris de la nouvelle classe bourgeoise des 'usuriers' et des 'négociants' qui serait en train de détruire les valeurs traditionnelles de la *proeza*.

357
Poerck, Guy de. 'Bertran de Born: *Molt m'es d'iscandre car col*,' *Annales du Midi* 73 (1961) 19-33
Edition critique du poème P-C 80, 28, avec notes détaillées; discussion des méthodes critiques employées par Stimming dans son édition de Bertran.

Voir aussi Hoepffner **112**, 100-24; Klein **216**; Marks **107**, 192-204; Riquer **50**, 679-750; Wilhelm **114**, 145-72.

BERTRAN CARBONEL

P-C 82; 18 poèmes et 94 *coblas;* 1285-1300

358
Jeanroy, Alfred. 'Les *coblas* de Bertran Carbonel publiées d'après tous les manuscrits connus,' *Annales du Midi* 25 (1913) 137-88
Edition critique avec traduction française et notes; les *coblas* sont particulièrement intéressantes pour le tableau qu'elles donnent des moeurs de l'époque. Pour les éditions dispersées des autres poèmes, voir Chambers **61**, 20.

Voir aussi Riquer **50**, 1396-1402.

BONIFACI CALVO

P-C 101; 20 poèmes; 1250-66

359
Branciforti, Francesco. *Le rime di Bonifacio Calvo*. Universita di Catania, Biblioteca della Facoltà di Lettere e Filosofia, 11 (Catania 1955). Pp. 158
Introduction biographique et littéraire, textes critiques avec traductions italiennes.

360
Horan, William D. *The Poems of Bonifacio Calvo: A Critical Edition.*
Studies in Italian Literature 3 (La Haye et Paris 1966). Pp. 94
Introduction philologique; textes critiques avec traductions anglaises; ni notes ni glossaire. Edition parfois fautive, H. n'a pas vu l'édition de Branciforti **359**. Voir le compte-rendu par F. Chambers, *Romance Philology* 25 (1971-2) 451-3.

Voir aussi Riquer **50**, 1417-28.

CADENET

P-C 106; 24 poèmes, dont 1 avec notation mélodique, plus 1 d'attribution douteuse; la première moitié du 13e siècle

361
Appel, Carl. *Der Trobador Cadenet* (Halle 1920). Pp. 123
Textes parfois trop rapidement établis, avec traductions allemandes, sans appareil critique. Raymond Arveiller et Theodor Berchem préparent ensemble une nouvelle édition.

Voir aussi Riquer **50**, 1225-35.

CERCAMON

P-C 112; 7 poèmes, plus 1 d'attribution douteuse; le deuxième tiers du 12e siècle

362
Jeanroy, Alfred. *Les Poésies de Cercamon.* Classiques français du moyen âge 27 (Paris 1922). Pp. ix + 40
Introduction philologique, textes critiques avec traductions françaises, notes, glossaire.

363
Camproux, Charles. 'A propos d'une chanson pieuse,' *Revue des langues romanes* 76 (1965) 19-38

Analyse détaillée du poème P-C 112, 1c *Assatz es or'oimai qu'eu chan,* qui donne, selon C., une définition du nouveau *joi d'amor,* où la dame représente l'amour, source intérieure du *joi* du poète.

364
Lejeune, Rita. 'L'allusion à Tristan chez le troubadour Cercamon,' *Romania* 83 (1962) 183-209
Edition et commentaire du poème P-C 112, 12 *Ab lo Pascor;* L. donne le résumé d'un débat intéressant entre I. Cluzel et M. Delbouille au sujet du mot *tristan* qui paraît dans le poème; elle opte pour *Tristan;* voir les objections de Delbouille, *Romania* 87 (1966) 234-47, qui continue à y lire *tristan* = 'triste'.

Voir aussi Riquer **50**, 220-35.

CERVERI DE GIRONA

P-C 434 et 434a; il s'agit proprement de Cerverí (dit de Girona) pseudonyme diminutif de Guilhem de Cervera; 114 poèmes lyriques, 5 poèmes narratifs; des proverbes; 1259-85

365
Riquer, Martín de. *Obras completas del trovador Cerverí de Girona, texto, traducción, y comentarios* (Barcelone 1947). Pp. xv + 390 + 8 planches
Texte critique des poèmes lyriques et narratifs, avec traduction espagnole; le texte des poèmes est parfois inexact et insuffisamment annoté; Beata Sitarz en prépare une nouvelle édition critique en collaboration avec Joan Corominas.

366
Thomas, Antoine. 'Les *proverbes* de Guylem de Cervera, poème catalan du XIIIe siècle,' *Romania* 15 (1886) 25-110
Brève introduction, texte des 1169 proverbes accompagné de quelques notes; ni traduction, ni glossaire.

367
Cluzel, Irénée-Marcel. 'La condition sociale du troubadour Guilhem de Cervera, dit "Cerveri" (de Girone),' *Actes I* (voir **32**) 119-24
Bien que respecté par ses contemporains, Cerveri ne semble pas avoir été noble.

368
Riquer, Martín de. 'Guilhem de Cervera, llamado tambien Cerverí de Girona,' *Boletín de la Real Academia de Buenas Letras de Barcelona* 28 (1959-60) 257-63
Complément d'un premier article, *ibid.* 23 (1950) 91-107; d'après des documents historiques, R. prouve l'identité de Guilhem de Cervera, auteur des *Proverbis*, et de Cerveri jongleur et troubadour, qui s'appelait aussi Cerveri de Girona.

369
Lewent, Kurt. 'The Catalan Troubadour Cerveri and his Contemporary, the Joglar Guillem de Cervera,' *Speculum* 38 (1963) 461-72
L. croit, contre Riquer **368**, qu'il s'agit de deux personnes.

370
Cluzel, Irénée-Marcel. 'La culture générale d'un troubadour du XIIIe siècle,' *Mélanges Delbouille* (voir **35**) II, 91-104
Catalogue des allusions aux traditions culturelles de l'Antiquité et à celles du moyen âge chez ce troubadour instruit et, selon C., typique de son époque.

371
Cluzel, Irénée-Marcel. 'L'hermétisme du troubadour Cerveri,' *Présence des troubadours* (voir **111**) 49-64
Analyse assez rapide de 13 poèmes 'difficiles'; C. conclut que Cerveri ne veut pas être consciemment obscur; il estime surtout le *trobar ric,* forme poétique extrêmement raffinée qui recherche la poésie pure.

372
Lewent, Kurt. 'Was There a One-Stanza Provençal *tenson*?' *Romanic Review* 51 (1960) 81-5
Edition et nouvelle interprétation du poème P-C 434, 7d, qui n'est pas une *tenso,* mais qui est unique en ce qu'il fait parler le père de l'amant, intercesseur auprès de la dame en faveur de son fils.

373
Oroz Arizcuren, Francisco J. 'Cerverí de Girona y Dante,' *Boletín de la Real Academia de Buenas Letras de Barcelona* 34 (1971-2) 275-9
Considération de plusieurs parallélismes de vocabulaire et de structure métrique dans l'aube de Cerveri, P-C 434a, 8 *Axi con cel c'anan erra la via,* et les premiers vers de l'*Inferno* de Dante.

374
Tavani, Giuseppe. 'Sulla cobbola plurilingue di Cerveri de Girona,' *Cultura neolatina* 28 (1968) 64-78

Essai d'identification des langues employées dans le poème P-C 434a, 40; il n'y en a que quatre, non pas six: le provençal, le français, le gallégo-portugais, et l'italien. Le texte du poème est reproduit avec traduction italienne.
375
Lewent, Kurt. 'Dance Song or "Chant du Guet"? The *Espingadura* of Cerveri, Called de Girona,' *Publications of the Modern Language Association of America* 75 (1960) 13-21
Nouvelle interprétation de la forme de l'*espingadura:* il s'agit d'une sorte de ballade (chanson de danse) et non pas d'un 'chant du guet' proposé par Cluzel **367**. L. ajoute une traduction anglaise du poème pour illustrer son interprétation.
376
Cluzel, Irénée-Marcel. 'Trois unica du troubadour catalan Cerveri (dit de Girone),' *Romania* 77 (1956) 6-77
Etude et édition critique des trois poèmes uniques de Cerveri, l'*espingadura*, la *peguesca*, et la *viadeyra*.
377
Lewent, Kurt. '*La canço del comte* by the Catalan Troubadour Cerveri, Called "de Girona" (P-C 434a, 70),' *Neuphilologische Mitteilungen* 55 (1954) 245-67
Edition critique avec traduction anglaise, notes abondantes qui clarifient le sens du poème; il s'agit d'un commentaire sur le problème de l'éducation des femmes et sur la nature générale des femmes.

Voir aussi Riquer **50**, 1556-89; Riquer **828**, I, 125-61 (la meilleure introduction générale à la poésie de Cerveri).

COMTESSA DE DIA

P-C 46; 5 poèmes, dont 1 avec notation mélodique; fin du 12e siècle

378
Kussler-Ratyé, Gabrielle. 'Les chansons de la comtesse Béatrix de Dia,' *Archivum romanicum* 1 (1917) 161-82
Textes critiques avec traductions françaises, notes; ni introduction, ni glossaire. Tous les poèmes sont reproduits dans l'anthologie de Riquer **50**.

379
Faucheux, Christian. 'Etude sémantique et syntaxique de l'oeuvre de la Comtesse de Die,' *Signum* (Royal Military College, Kingston, Canada) 1, no. 1 (janvier 1974) 1-17 et 1, no. 2 (mai 1974) 5-16
Catalogue statistique des motifs et des structures syntaxiques dans chacun des cinq poèmes. F. trouve que la nuance affective prédominante est négative, bien que les poèmes finissent généralement sur un ton d'optimisme; les structures syntaxiques et la richesse du vocabulaire employé pour analyser la souffrance, indiquent un esprit logique.

Voir aussi Pattison **533**, 27-30; Riquer **50**, 791-802; Wilhelm **114**, 133-41.

DALFIN D'ALVERNHA

P-C 119; 10 poèmes; 1169-1235

380
Brackney, Emmert M. 'A Critical Edition of the Poems of Dalfin d'Alvernhe.' Thèse non-imprimée de l'Université de Minnesota, 1937. Voir *Doctoral Dissertations Accepted by American Universities 1936-37* (New York 1937), p. 92
A part cette thèse, les oeuvres de Dalfin sont dispersées dans différentes publications: voir Chambers **61**, p. 21. Stanley Aston prépare une nouvelle édition pour les Classiques d'Oc.

381
Aston, Stanley C. 'The Name of the Troubadour Dalfin d'Alvernhe,' *French and Provençal Lexicography: Essays Presented to Honor Alexander Herman Schutz*, éd. Urban T. Holmes et Kenneth R. Scholberg (Columbus 1964) 140-63
A. trace le développement progressif du nom depuis le nom particulier, à travers le patronymique, jusqu'au titre.

382
Marshall, John H. 'Le *partimen* de Dauphin d'Auvergne et Perdigon (P-C 119, 6),' *Mélanges Rostaing* (voir **40**) 669-78
Nouvelle édition critique avec traduction française et notes.

Voir aussi Riquer **50**, 1247-56.

DAUDE DE PRADAS

P-C 124; 19 poèmes, dont 1 avec notation mélodique; 1214-82; pour une oeuvre non-lyrique du même poète, voir **731**

383
Schutz, Alexander H. *Poésies de Daude de Pradas, publiées avec une introduction, une traduction, et des notes.* Bibliothèque méridionale 22 (Toulouse et Paris 1933). Pp. xxxv + 107
Introduction philologique, textes critiques avec traductions françaises, notes.

Voir aussi Rieger **215**, 246-67; Riquer **50**, 1545-9.

EBLE II DE VENTADORN

P-C pas de numéro; pas de poèmes préserves?; 1096-1147

384
Dumitrescu, Maria. 'Eble II de Ventadorn et Guillaume IX d'Aquitaine,' *Cahiers de civilisation médiévale* 11 (1968) 379-412
Analyse intéressante mais peu convaincante qui veut diviser les poèmes attribués à Guillaume entre les burlesques (qui seraient de Guillaume) et les courtois (qui seraient d'Eble).

385
Mouzat, Jean-D. 'Les poèmes perdus d'Eble II, vicomte de Ventadorn: Recherches et suggestions,' *Actes II* (voir **32**) 89-103. Le même texte a paru, sans citations des poèmes, dans *Cultura neolatina* 18 (1958) 111-20
Hypothèse osée, suivant laquelle cinq poèmes anonymes ou attribués à d'autres poètes, pourraient être l'oeuvre d'Eble.

386
Dumitrescu, Maria. 'L'Escola N'Eblon et ses représentants,' *Mélanges Lejeune* (voir **39**) 107-18
Hypothèse fragile qui propose l'identité entre 'l'escola N'Eblon' et 'aquestz trobadors' mentionnés dans le poème de Peire d'Alvernha P-C 323, 11.

387
Pirot, François. 'Le troubadour Eble de Saignes (avec des notes sur Eble de Ventadour et Eble d'Ussel),' *Mélanges Le Gentil* (voir **38**) 644-59

Notes historiques et bibliographiques très claires et complètes; sur Eble II, voir surtout pp. 642-3 et 648-9.

Voir aussi Mölk **205**, 18, 19, 31-3; Nelli **152**, 114-15; Pollmann **154**, 103-16; Riquer **50**, 142-7; Stronski **350**, 161-9.

ELIAS DE BARJOLS

P-C 132; 15 poèmes; fin du 12e siècle

388
Stronski, Stanislaw. *Le Troubadour Elias de Barjols.* Bibliothèque méridionale 10 (Toulouse 1906). Pp. ix + 158
Introduction historique et linguistique, texte critique, glossaire complet.

Voir aussi Riquer **50**, 1193-1201.

ELIAS CAIREL

P-C 133; 14 poèmes; 1208-15

389
Jaeschke, Hilde. *Der Trobador Elias Cairel.* Romanische Studien 20 (Berlin 1921). Pp. 223
Texte critique avec traduction allemande, notes.

Voir aussi Riquer **50**, 1144-53.

FALQUET DE ROMANS

P-C 156; 14 poèmes et 1 épitre amoureuse; 1220-26

390
Zenker, Rudolf. *Die Gedichte des Folquet von Romans.* Romanische Bibliothek 12 (Halle 1896). Pp. viii + 91

Introduction philologique et littéraire, textes critiques, notes; ni traduction, ni glossaire. Raymond Arveiller et Theodor Berchem préparent ensemble une nouvelle édition.

391
Arveiller, Raymond. 'Quelques remarques sur les poésies de Falquet de Romans,' *Mélanges Boutière* (voir **34**) 5-22
Commentaire détaillé de plusieurs passages difficiles. A. prouve que le troubadour doit s'appeler Falquet, non pas Folquet.

Voir aussi Riquer **50**, 1215-24; Stronski **388**, 137-9.

FOLQUET DE MARSELHA

P-C 155; 24 poèmes, dont 13 avec notation mélodique, plus plusieurs d'attribution douteuse; 1180-95

392
Stronski, Stanislaw. *Le Troubadour Folquet de Marseille* (Cracovie 1910). Pp. xiii + 285
Introduction biographique et littéraire, texte critique avec traduction française, notes, glossaire.

Voir aussi Riquer **50**, 583-604.

GAUCELM FAIDIT

P-C 167; 65 poèmes, dont 14 avec notation mélodique, plus 10 d'attribution douteuse; 1180-1202

393
Mouzat, Jean-D. *Les Poèmes de Gaucelm Faidit, troubadour du XIIe siècle.* Les Classiques d'Oc 2 (Paris 1965). Pp. 616
Introduction philologique, textes critiques avec traductions françaises et commentaire, bref glossaire.

Voir aussi Hoepffner **112**, 148-66; Riquer **50**, 755-80.

GAVAUDAN

P-C 174; 10 poèmes; 1295-1330

394
Jeanroy, Alfred. 'Poésies du troubadour Gavaudan,' *Romania* 34 (1905) 497-539
Introduction philologique, textes critiques avec traductions françaises, notes.

395
Köhler, Erich. 'Die Pastourellen des Troubadours Gavaudan,' *Germanisch-romanische Monatsschrift* 14 (1964) 337-49
Etude du mélange d'idéalisme et de réalisme chez Gavaudan; considération plus vaste des implications sociales de la poésie des troubadours.

396
Frank, István. 'La chanson de croisade du troubadour Gavaudan,' *Neuphilologische Mitteilungen* 47 (1946) 145-71
Edition critique de P-C 174, 10 *Senhor, per los nostres peccatz*, avec traduction française et notes; introduction historique et philologique très détaillée.

Voir aussi Audiau **222**; Del Monte **202**, 97-112; Riquer **50**, 1046-58.

GUI D'USSEL

P-C 194; 20 poèmes, dont 4 avec notation mélodique; première moitié du 13e siècle

397
Audiau, Jean. *Les Poésies des quatre troubadours d'Ussel* (Paris 1922). Pp. 160
Edition des poèmes de Gui, de ceux de ses frères Elias et Peire, et de ceux de leur cousin Eble d'Ussel; poèmes de Gui, pp. 27-88. Introduction, textes critiques avec traductions françaises, notes, glossaire.

Voir aussi Riquer **50**, 1009-23.

GUILHEM ADEMAR

P-C 202; 16 poèmes, dont 1 avec notation mélodique; fin du 12e siècle

398
Almqvist, Kurt. *Poésies du troubadour Guilhem Adémar, publiées avec introduction, traduction, notes, et glossaire* (Uppsala 1951). Pp. 273
Longue introduction philologique, textes critiques avec traductions françaises, notes, glossaire.

Voir aussi Riquer **50**, 1100-09.

GUILHEM DE BERGUEDAN

P-C 210; 32 poèmes, plus 1 d'attribution douteuse; 1 *letra;* 1180-1200

399
Riquer, Martín de. *Guillem de Bergueda,* I: *Estudio histórico literario y lingüístico;* II: *Edición crítica, traducción, notas, y glosario.* Scriptorium populeti 5 (Abadía de Poblet 1971). Pp. 292 et 346
Etude biographique très complète du poète; étude thématique et structurale de la poésie; analyse détaillée des manuscrits, textes critiques avec traductions espagnoles, notes abondantes, glossaire complet. Cf. compte-rendu de P. Ricketts, *Mélanges Rostaing* (voir **40**) 883-94.

400
Riquer, Martín de. 'L'ancienne *vida* provençale du troubadour Guilhem de Berguedan,' *Actes I* (voir **32**) 56-67
Tableau biographique de Guilhem en forme de commentaire très détaillé de la *vida* du poète.

Voir aussi Riquer **50**, 519-42; Riquer **828**, 74-94.

GUILHEM DE CABESTANH

P-C 213; 7 poèmes, plus 2 d'attribution douteuse; 1180-1215

401
Långfors, Arthur. *Les Chansons de Guilhem de Cabestanh*. Classiques français du moyen âge 42 (Paris 1924). Pp. xviii + 97
Introduction philologique, textes critiques avec traductions françaises, notes, glossaire.
402
Escallier, Emile. *Le Destin tragique de Guillaume de Cabestan le troubadour* (Grenoble 1934). Pp. 91
Popularisation de la vie du poète; texte non-critique des poèmes avec traduction française.

Voir aussi Riquer **50**, 1063-78; Riquer **828**, 95-101.

GUILHEM FIGUEIRA

P-C 217; 10 poèmes, plus 1 d'attribution douteuse; 1215-45

403
Levy, Emil. *Guilhem Figueira, ein provenzalischer Troubadour* (Berlin 1880). Pp. 112
Introduction sur la biographie du poète et sur la métrique; textes critiques avec traductions allemandes, notes.
404
Delaruelle, Etienne. 'La critique de la guerre sainte dans la littérature méridionale,' *Paix de Dieu et guerre sainte en Languedoc au XIIIe siècle*. Cahiers de Fanjeaux 4 (Toulouse 1969) 128-39
Analyse du thème de la croisade et de l'anti-croisade dans la poésie occitane depuis Marcabru jusqu'à Guilhem Figueira.

Voir aussi Anglade **568**, 171-82; Picchio Simonelli **346**, 151-5; Riquer **50**, 1270-79.

GUILHEM DE MONTANHAGOL

P-C 225; 14 poèmes; 1233-58

405
Ricketts, Peter T. *Les Poésies de Guilhem de Montanhagol, troubadour provençal du XIIIe siècle*. Pontifical Institute of Mediaeval Studies, Studies and Texts, 9 (Toronto 1964). Pp. 175
Introduction philologique, textes critiques soignés avec traductions françaises, notes, glossaire complet.

406
Branciforti, Francesco. 'Note al testo di Guilhem de Montanhagol,' *Filologia e letteratura* 14 (1968) 337-405
Commentaire détaillé de chacun des poèmes à partir de l'édition de Ricketts **405** dans un effort de résoudre quelques-uns des problèmes d'interpretation qui existent encore dans le texte de Montanhagol.

407
Ricketts, Peter T. '*Castitatz* chez Guilhem de Montanhagol,' *Revue des langues romanes* 77 (1966-7) 147-50
En complément à l'étude de Topsfield **408**, R. précise la définition de *castitatz:* il s'agit de la modération, et pas du tout de la chasteté au sens moderne.

408
Topsfield, Leslie T. 'The Theme of Courtly Love in the Poems of Guilhem Montanhagol,' *French Studies* 11 (1957) 127-34
T. souligne le rôle de Guilhem comme défenseur de la *fin'amor*, contre la notion générale de la critique, qui voit en lui un innovateur.

Voir aussi Riquer **50**, 1429-46.

GUILHEM PEIRE DE CAZALS

P-C 227; 11 poèmes; 13e siècle

409
Mouzat, Jean-D. *Guilhem Peire de Cazals, troubadour du XIIIe siècle.* Collection Paratge 2 (Paris 1954). Pp. 72

Introduction philologique et littéraire; textes critiques avec traductions françaises, glossaire.
410
Lewent, Kurt. 'An Old Provençal Poem Re-edited (Guilhem Peire de Cazals, P-C 227, 4),' *Studia philologica et litteraria in honorem L. Spitzer* (Bern 1958) 275-95
Edition critique avec traduction anglaise, notes.

Voir aussi Riquer **50**, 1321-4.

GUILHEM DE PEITIEU

P-C 183; 7e Comte de Poitou, 9e Duc d'Aquitaine; 11 poèmes, dont 1 d'attribution douteuse; la mélodie d'un des poèmes est préservée dans le *Jeu de Sainte Agnès* (**683**); 1090-1126

411
Pasero, Nicolò. *Guglielmo IX d'Aquitania: Poesie*. Subsidia al Corpus dei trovatori 1 (Rome et Modène 1973). Pp. 410
Edition critique avec traductions italiennes, notes. Voir la discussion de la tradition manuscrite et des suggestions de détail de F. Branciforti, *Medioevo romanzo* 3 (1976) 24-50.
412
Jeanroy, Alfred. *Les Chansons de Guillaume IX, duc d'Aquitaine*. Classiques français du moyen âge 9 (Paris 1913; 2e éd. révisée 1927). Pp. xxi + 47
Textes critiques avec traductions françaises (sauf les quelques passages 'licencieux', restés intraduits); notes, glossaire.
413
Dragonetti, Roger. 'Aux origines de l'amour courtois; la poétique amoureuse de Guillaume IX d'Aquitaine,' *Sexualité humaine* (Paris 1966) 139-70
D. nie la division traditionnelle des poèmes de Guilhem en obscènes et courtois; chaque poème est une réponse différente à un malaise fondamental qui inquiète constamment le poète.
414
Pollmann, Leo. 'Dichtung und Liebe bei Wilhelm von Aquitanien,' *Zeitschrift für romanische Philologie* 78 (1962) 326-57
P. trouve dans le corpus une personnalité constante et unifiée; Guilhem ne

connaît que l'amour d'orientation masculine, pas encore l'amour 'courtois'.
415
Dronke, Peter. 'Guillaume IX and "Courtoisie",' *Romanische Forschungen* 73 (1961) 327-38
Contre les idées de Bezzola **416**, D. croit que Guilhem n'est pas 'courtois'; il a réagi contre une tradition poétique déjà établie avant lui.
416
Bezzola, Reto R. 'Guillaume IX et les origines de l'amour courtois,' *Romania* 66 (1940) 145-237; réimpr. dans Bezzola **117**, 2e partie, t. 2, 243-326
Biographie détaillée du poète; Guilhem serait le porte-parole d'une société qui veut se libérer de l'église; l'amour 'courtois' serait l'interprétation profane sarcastique des idées ascétiques de Robert d'Arbrissel.
417
Spoerri, Theophil. 'Wilhelm von Poitiers und die Anfänge der abendländischen Poesie,' *Trivium* 2 (1944) 255-77; réimpr. dans Baehr **110**, 161-74
Etude des structures rythmiques des poèmes, basées, selon S., sur la musique chrétienne; Guilhem serait le créateur de la poésie amoureuse moderne.
418
Pollmann, Leo. 'L'unité de la composition dans les chansons de Guillaume IX, ' *Actes VI* (voir **32**) II, 417-34
L'analyse structurale indique que les poèmes préservés forment une série évolutionnaire de 1 à 10, sauf le 8 qui n'est pas de Guilhem.
419
Topsfield, Leslie T. 'The Burlesque Poetry of Guilhem IX of Aquitaine,' *Neuphilologische Mitteilungen* 69 (1968) 280-302
Analyse des poèmes 1 à 6, qui forment, selon T., un genre distinct de celui des poèmes 7 à 10: ce sont des parodies ironiques des formes traditionnelles, et révèlent une intelligence raffinée dans le jeu ambigu entre *sen* et *foudatz*.
420
Rajna, Pio. 'Guglielmo, conte di Poitiers, trovatore bifronte,' *Mélanges de linguistique et de littérature offerts à M. Alfred Jeanroy* (Paris 1928) 349-60
Le dualisme constant que l'on trouve dans ses oeuvres nous empêche de penser que Guilhem puisse être le premier troubadour.
421
Favati, Guido. 'L'innovazione di Guglielmo IX d'Aquitania e un canto di

Marbodo di Rennes,' *Présence des troubadours* (voir 111) 65-76
F. trouve un exemple de soumission 'féodale' à la dame chez un poète latin contemporain de Guilhem.

422
Blackburn, James E. 'An Analysis of the Vocabulary of William of Aquitaine,' *Romania* 97 (1976) 289-305
Analyse statistique du vocabulaire de Guilhem, comparé à celui de la *Chanson de Sainte Foy*, du *Boeci*, et d'un choix de onze poèmes de Bernart de Ventadorn, dans un effort de dégager le 'style' de Guilhem.

423
Lejeune, Rita. 'Formules féodales et style amoureux chez Guillaume IX d'Aquitaine,' *Atti del VIII Congresso internazionale di studi romanzi, Florence 1956* (Florence 1959) II, 227-48
Selon L., Guilhem a innové en adaptant la langue technique de la féodalité à l'expression des liens qui réunissent l'amant courtois et sa dame.

424
Spanke, Hans. 'Zur Formenkunst des ältesten Troubadours,' *Studi medievali* 7 (1934) 72-84
Etude des formes rythmiques des poèmes, qui semblent venir de la tradition religieuse de l'époque, surtout de la musique de St.-Martial de Limoges.

425
Camproux, Charles. 'Remarque sur la langue de Guilhem de Peitieus,' *Mélanges Lejeune* (voir 39) 67-84
Selon C., Guilhem a écrit dans la langue de sa capitale, le poitevin, avec des mots de registre élevé provenant du Midi, parfois avec des jeux de mots rendus possibles par l'existence de deux ou plusieurs formes.

426
Nichols, Stephen G., Jr. '*Canso → Conso:* Structures of Parodic Humor in Three Songs of Guilhem IX,' *L'Esprit Créateur* 16 (1976) 16-29
Etude des trois premiers poèmes de Guilhem, non pas sur le niveau des thèmes, mais sur celui des sons, de la syntaxe, et de la sémantique; l'association des sons et des mots permet d'interpréter les poèmes comme des jeux parodiques d'une extrême complexité.

427
Camproux, Charles. 'Faray un vers *tot* covinen,' *Mélanges Frappier* (voir 37) 159-72
Interprétation 'anagogique' du poème I (P-C 183, 3) selon laquelle les deux chevaux représentent les deux forces essentielles de la *fin'amor* qui sont

nécessairement en tension perpétuelle; les niveaux littéral et symbolico-grivois veulent choquer les non-initiés.

428
Kertesz, Christopher. 'A Full Reading of Guillaume IX's *Companho, faray un vers... covinen*,' *Romance Notes* 12 (1970-71) 461-5
K. suggère que Guilhem se sert des moyens allégoriques traditionnels pour enrichir le sens de son poème.

429
Davis, Judith M. 'A Fuller Reading of Guillaume IX's *Companho, faray un vers... covinen*,' *Romance Notes* 16 (1974-5) 445-9
D. trouve l'interprétation de Kertesz **428** trop sérieuse; il s'agirait chez Guilhem d'une série de métaphores sexuelles humoristiques, des parodies de l'idéal de la *cortezia* dont nous devrions rire avec le poète.

430
Zuffery, François. 'Notes sur la pièce III de Guillaume de Poitiers,' *Romania* 97 (1976) 117-22
Considérations sur la forme du poème P-C 183, 5 *Compaigno, tant ai agutz d'avols conres*, surtout l'agencement des rimes et la conclusion mutilée.

431
Pollmann, Leo. '*Companho, tant ai agutz d'avols conres* — Versuch einer Analyse von Lied III des Wilhelm von Aquitanien,' *Neophilologus* 47 (1963) 24-34
Interprétation du poème 'obscène' (P-C 183, 5) comme un essai très raffiné d'adapter le poème 2 (P-C 183, 4) dans le style du *trobar clus*. Voir les objections de Mölk **205**, 40-54, et de Pasero **432**.

432
Pasero, Nicolò. '*Companho, tant ai agutz d'avols conres* di Guglielmo IX d'Aquitania e il tema dell'amore invincibile,' *Cultura neolatina* 27 (1967) 19-29
P. affirme le sens littéral et naturel du poème, (P-C 183, 5) qui est franchement et joyeusement obscène.

433
Camproux, Charles. '*Seigneur Dieu qui es du monde tête et roi* (Canso III de Guilhem de Peitieus),' *Mélanges Le Gentil* (voir **38**) 161-74
Le poème (P-C 183, 5) est joyeusement licencieux, mais en même temps il glorifie la création divine et l'innocence de l'homme avant la Chute.

434
Rieger, Dietmar. *Der* Vers de dreyt nien *Wilhelms IX von Aquitanien:*

Rätselhaftes Gedicht oder Rätselgedicht? Untersuchungen zu einem 'Schlüsselgedicht' der Troubadourlyrik. Sitzungsberichte der Heidelberger Akademie der Wissenschaften, philosophisch-historische Klasse, 3 (Heidelberg 1975). Pp. 54

Résumé précis des recherches récentes sur l'interprétation du poème 4; analyse approfondie du poème qui amène la conclusion qu'il ne s'agit pas d'un *devinalh* dans le sens traditionnel, mais que Guilhem a voulu que son auditoire cherche une solution au poème, même si cette solution reste problématique et mystérieuse.

435
Lawner, Lynn. 'Notes Towards an Interpretation of the *Vers de dreyt nien*,' *Cultura neolatina* 28 (1968) 147-64; et les articles complémentaires 'Norman ni Frances,' *ibid.* 30 (1970) 223-32 et 'Tot es niens,' *ibid.* 31 (1971) 155-70

Selon L., le poème P-C 183, 7 concerne le concept du *néant,* dans la tradition littéraire des devinettes paradoxales.

436
Ruggieri, Ruggero M. 'Le chevalier dormant sur son cheval, ou bien le "rêve éveillé": pressentiments romantiques et surréalistes dans un *topos* médiéval, de Guillaume IX à Boccace,' *Actes IV* (voir 32) 134-44

Il s'agit d'un symbole, employé dans le poème P-C 183, 7, désignant l'état de l'âme suspendue entre la conscience et la fantaisie, et qui sert à définir le monde des valeurs négatives et ambiguës.

437
Köhler, Erich. 'No sai qui s'es – No sai que s'es,' *Mélanges Delbouille* (voir 35) 349-66

Comparaison du *Vers de dreyt nien* (P-C 183, 7) avec un poème semblable de Raimbaut d'Aurenga et une *tenso* entre Aimeric de Peguilhan et Albertet. Chez Guilhem il s'agit du paradoxe central de l'amour nécessairement sensuel et spirituel à la fois, contradiction à résoudre mystérieusement par l'amour parfaitement récriproque.

438
Del Monte, Alberto. ' "En durmen sobre chevau",' *Filologia romanza* 2 (1955) 140-47

Analyse du *Vers de dreyt nien* (P-C 183, 7) comme une vision, dans la tradition de l'exégèse biblique.

439
Press, Alan R. 'Quelques observations sur la chanson V de Guillaume IX:

Farai un vers pos mi sonelh,' *Etudes de civilisation médiévale, IXe-XIIe siècles: Mélanges offerts à Edmond-René Labande* (Poitiers 1974) 603-09
Etude de la structure formelle et thématique du poème P-C 183, 12 dans ses rapports avec l'*exemplum* traditionnel enseigné dans les écoles; comme dans d'autres poèmes, Guilhem compare deux sortes d'amour: il loue l'amour noble et blâme l'amour des dames pour les clercs.

440
Köhler, Erich. 'Wilhelm IX, der Pilger, und die rote Katze,' *Mélanges Le Gentil* (voir **38**) 421-34
Analyse symbolico-freudienne du poème P-C 183, 12, qui explore les motivations sexuelles les plus secrètes de Guilhem, y inclus les complexes de castration, d'Oedipe, d'inceste, et de dragon. Un compte-rendu par Charles Camproux, *Revue des langues romanes* 81 (1975) 151-60, suggère d'autres symboles: ceux des nombres, des noms, et du chat.

441
Lejeune, Rita. 'L'extraordinaire insolence du troubadour Guillaume IX d'Aquitaine,' *Mélanges Le Gentil* (voir **38**) 485-503
Etude approfondie du poème 5 (P-C 183, 12) qui dévoile une réalité biographique étonnante par sa richesse, mais soigneusement cachée par des références indirectes. L'analyse pénétrante de L. nous révèle le poète lui-même, vibrant d'esprit et de joyeuse irrévérence.

442
Monteverdi, Angelo. 'La "chansoneta nueva" attribuita a Guglielmo d'Aquitania,' *Siculorum Gymnasium* 8 (1955) 6-15
L'étude de la versification du poème (P-C 183, 6) prouve qu'il n'est pas de Guilhem.

443
Woll, Dieter. 'Zu Wilhelms IX Kanzone, *Ab la dolchor del temps novel*,' *Archiv für das Studium der neueren Sprachen und Literaturen* 202 (1965-66) 186-8
Nouvelle interprétation et traduction du poème (P-C 183, 1) basées surtout sur la lecture de la dernière strophe.

444
Roncaglia, Aurelio. ' "Obediens",' *Mélanges Delbouille* (voir **35**) II, 597-614
Le poème P-C 183, 10 *Pos de chantar* représente non seulement le chant d'un Chrétien, mais aussi celui d'un prince qui doit obéissance au Roi de France et à Dieu.

445
Storost, Joachim. '*Pos de chantar m'es pres talentz:* Deutung und Datierung des Bussliedes des Grafen von Poitiers,' *Zeitschrift für französische Sprache und Literatur* 63 (1940) 356-68
S. souligne le caractère unique du poème P-C 183, 10, qui daterait de 1111-12, et qui aurait été provoqué par la crainte de la mort au moment d'une maladie grave.

Voir aussi Dumitrescu **384**; Hoepffner **112**, 19-24; Lazar **151**; Marks **107**, 34-90; Nelli **152**, 79-104; Nykl **129**, lxi-ciii; Pollmann **154**, 7-27 et 79-84; Riquer **50**, 105-41; Topsfield **167**; Wilhelm **114**, 23-59.

GUILHEM DE SAINT-LEIDIER

P-C 234; appelé aussi Guilhem de Saint-Didier ou de Saint-Deslier; 13 poèmes, dont 1 avec notation mélodique, plus 2 d'attribution douteuse; 1150-1200

446
Sakari, Aimo. *Poésies du troubadour Guillem de Saint-Didier, publiées avec introduction, traduction, notes, et glossaire.* Mémoires de la Société néophilologique de Helsinki 19 (Helsinki 1956). Pp. 208
Introduction philologique et littéraire, textes critiques avec traductions françaises, notes abondantes, glossaire complet. Cf. compte-rendu par F. Lecoy, *Romania* 78 (1957) 412-14.

Voir aussi Jung **704**; Riquer **50**, 553-65.

GUIRAUT DE BORNELH

P-C 242; 76 poèmes, dont 4 avec notation mélodique, plus 3 d'attribution douteuse; 1166-1211

447
Kolsen, Adolf. *Sämtliche Lieder des Trobadors Giraut de Bornelh, mit Übersetzung, Kommentar, und Glossar,* I: *Texte mit Varianten und Über-*

setzung; II: *Vida, Kommentar, und Glossar* (Halle 1910 et 1935). Pp. xi + 496 et viii + 292
Textes critiques avec traductions allemandes et commentaire, notes, glossaire complet. Voir aussi les notes sur le texte et les interprétations de Kurt Lewent, *Zum Text der Lieder des Giraut de Bornelh* (Florence 1938).

448
Panvini, Bruno. *Giraldo di Bornelh, trovatore del sec. XII.* Università di Catania, Biblioteca della Facoltà di lettere e filosofia, 3 (Catania 1949). Pp. 133
Etude biographique détaillée qui place l'activité poétique de Guiraut entre ca. 1166 et 1211 (très peu de poèmes après 1195); remarques sur l'évolution des principes poétiques et de l'attitude morale du poète.

449
Salverda de Grave, Jean-J. 'Giraut de Bornelh et la poésie obscure,' *Mélanges de linguistique et de philologie offerts à Jacques Van Ginneken* (Paris 1937) 297-306
Analyse précise des techniques du *trobar clus;* la poésie simple chante le bonheur du poète en amour; il opte pour l'obscurité lorsqu'il se résigne à la souffrance de l'amour malheureux.

450
Salverda de Grave, Jean-J. *Observations sur l'art lyrique de Giraut de Borneil.* Mededeelingen der Koninklijke Nederlandsche Akademie van Wetenschappen, Afd. Letterkunde, Nieuwe Reeks I, 1 (Amsterdam 1938). Pp. 131
Analyse des thèmes poétiques et didactiques; étude de l'unité intérieure du corpus et des questions de perspective; description du vocabulaire et de la versification.

451
Serper, Arié. 'Guiraut de Borneil, le "gant", le *trobar clus* et Lignaure,' *Revue des langues romanes* 80 (1974) 93-106
Etude d'un 'cycle' de poèmes de Guiraut des années 1169-72 où il est question de style littéraire; le *trobar clus* semble correspondre à la tristesse du poète, le *trobar plan* au bonheur.

Voir aussi Riquer **50**, 463-513.

GUIRAUT DE CALANSO

P-C 243; 11 poèmes; commencement du 13e siècle; pour un *sirventès-ensenhamen* du même poète, voir 720 et 722

452
Ernst, Willy. 'Die Lieder des provenzalischen Trobadors Guiraut von Calanso,' *Romanische Forschungen* 44 (1930) 255-406
Introduction biographique et littéraire, textes critiques avec traductions allemandes, notes, glossaire. Voir aussi les notes sur le texte par Kurt Lewent, *Zeitschrift für französische Sprache und Literatur* 57 (1933) 407-46.

Voir aussi Pirot 720, 197-261 et 563-95; Riquer 50, 1079-87.

GUIRAUT RIQUIER

P-C 248; 87 poèmes, dont 48 avec notation mélodique, et 16 *letras;* 1250-90

453
Mölk, Ulrich. *Guiraut Riquier: Las cansos, kritischer Text und Kommentar.* Studia romanica 2 (Heidelberg 1962). Pp. 139
Edition très soignée des 27 *cansos,* sans introduction littéraire, sans traductions; bref glossaire. En attendant la continuation de cette édition, on trouvera la plupart des poèmes et toutes les *letras* dans S.L. Pfaff, *Guiraut Riquier,* vol. 4 dans Carl A. Mahn, *Die Werke der Troubadours in provenzalischer Sprache* (Berlin et Paris 1853), x + 255 pp. Joseph Linskill prépare une édition des *letras.*
454
Petit, Jean-Marie. 'Guiraud Riquier (troubadour, 2e moitié du XIIIe siècle): Période narbonnaise et destinée du dernier grand poète de cour,' *Narbonne, archéologie et histoire* (Narbonne 1972) II, 69-75
P. raconte les efforts de Guiraut pour faire revivre la poésie des troubadours et la tragédie de ses rêves des splendeurs passées.
455
Mölk, Ulrich. ' "Belh deport." Über das Ende der provenzalischen Minnedichtung,' *Zeitschrift für romanische Philologie* 78 (1962) 358-74

Le transfert des lois de la *fin'amor* profane à l'amour de la Vierge a rendu impossible la tension essentielle entre dame et amant, et a tué effectivement la tradition de la poésie amoureuse des troubadours.

456
Anglade, Joseph. *Le Troubadour Guiraut Riquier: Etude sur la décadence de l'ancienne poésie provençale* (Bordeaux et Paris 1905). Pp. xix + 349
Etude historique de la carrière du poète; analyse thématique et structurale des poèmes qui révèle un poète rattaché au passé mais annonçant aussi l'évolution future dans la direction de la poésie didactique et religieuse.

457
Anglès, Higinio. 'Les melodies del trobador Guiraut Riquier,' *Revista dels estudis universitaris catalans* 11 (1926) 1-78
Introduction sur la musicologie médiévale, surtout sur les difficultés de la notation rythmique; transcription des 48 mélodies selon le système modal.

458
Bertolucci Pizzorusso, Valeria. 'La supplica di Guiraut Riquier e la risposta di Alfonso X di Castiglia,' *Studi mediolatini e volgari* 14 (1966) 9-135
Etude valable sur les rapports entre le *joglar* et le *trobador;* reproduction du texte de la *supplica* et de celui de la *declaratio* d'Alphonse.

459
Vuolo, Emilio. 'Per il testo della supplica di Guiraut Riquier ad Alfonso X,' *Studi medievali,* série 3, 9 (1968) 729-806
Edition et étude détaillée de la *supplica.*

Voir aussi Riquer **50**, 1609-46.

JAUFRE RUDEL

P-C 262; 6 poèmes, dont 4 avec notation mélodique, plus 1 d'attribution douteuse; 1130-70

460
Jeanroy, Alfred. *Les Chansons de Jaufre Rudel.* Classiques français du moyen âge 15 (Paris 1915; 2e éd. révisée 1924). Pp. xv + 38
Brève introduction philologique, textes critiques avec traductions françaises, notes, glossaire. Peter Davies prépare une nouvelle édition.

461
Pickens, Rupert T. *The Songs of Jaufre Rudel* (Toronto 1977, sous presse)
Etude approfondie de la tradition manuscrite, édition soignée de chaque version de chacun des poèmes, traductions anglaises, glossaire complet. C'est un effort de présenter les textes poétiques dans leur 'mouvance', selon la notion de Zumthor **186**.

462
Cravayat, Paul. 'Les origines du troubadour Jaufre Rudel,' *Romania* 71 (1950) 166-79
Identification historique de Jaufre comme le fils de Girard, seigneur de Blaye, vassal de Guilhem IX et ensuite de Guilhem X.

463
Majorano, Matteo. 'Lingua e ideologia nel canzoniere di Jaufres Rudels,' *Istituto universitario orientale, Napoli: Annali, Sezione romanza* 16 (1974) 159-201
Selon M., Jaufre s'éloigne progressivement du concèpt traditionnel de la *fin'amor:* il n'y a qu'au niveau abstrait de l'idéalisation raffinée qu'un aristocrate puisse participer aux activités artistiques de la petite noblesse.

464
Topsfield, Leslie T. '*Jois, Amors,* and *Fin'amors* in the Poetry of Jaufre Rudel,' *Neuphilologische Mitteilungen* 71 (1970) 277-305
Analyse importante de l'idéologie amoureuse de Jaufre par rapport à celle de Guilhem de Peitieu et celle de Marcabru. Tandis que Guilhem explore les différents niveaux de la quête amoureuse l'un après l'autre, Jaufre mélange les niveaux à l'intérieur d'un seul poème, passant de l'aspiration sensuelle à l'imaginaire, et finalement à l'aspiration spirituelle.

465
Cluzel, Irénée-Marcel. 'Jaufre Rudel et l'*amor de lonh:* Essai d'une nouvelle classification des pièces du troubadour,' *Romania* 78 (1957) 86-97
C. voit un amour réel, sensuel, avant la Croisade (quatre poèmes), les deux poèmes de l'*amor de lonh* étant écrits après le retour du poète en France, en souvenir d'une dame (idéalisée) qu'il aurait connue en Terre Sainte.

466
Zorzi, Diego. 'L'*amor de lonh* di Jaufre Rudel,' *Aevum* 29 (1955) 124-44
Il y a, selon Z., une convergence des valeurs religieuses et esthétiques dans la poésie de Jaufre, centrée autour du thème clef de l'*amor de lonh* formée par Dieu.

467
Robertson, Durant W., Jr. 'Amors de terra lonhdana,' *Studies in Philology* 49 (1952) 566-82
Interprétation allégorique selon laquelle la dame serait peut-être la Vierge Marie, et la *terra lonhdana* serait certainement le Jérusalem Céleste.

468
Spitzer, Leo. *L'Amour lointain de Jaufre Rudel et le sens de la poésie des troubadours.* University of North Carolina Studies in the Romance Languages and Literatures 5 (Chapel Hill 1944). Voir la version révisée dans *Romanische Literaturstudien 1936-1956* (Tubingue 1959) 363-417
Analyse thématique de la poésie de Jaufre; S. voit l'*amor de lonh* comme une notion spiritualisée non-spécifique, 'latente', ouverte à différentes interprétations selon l'effet vivant de la poésie sur le lecteur moderne.

469
Zade, Lotte. *Der Troubadour Jaufre Rudel und das Motiv der Fernliebe in der Weltliteratur* (Greifswald 1919). Pp. 76
Présentation précise des diverses théories sur le sens de l'*amor de lonh;* inventaire des sources très diverses du motif.

470
Lefèvre, Yves. 'Jaufre Rudel, professeur de morale,' *Annales du Midi* 78 (1966) 415-22
Analyse du poème P-C 262, 2 pour montrer que le poète traite consciemment des sujets moraux et religieux.

471
Stone, Donald, Jr. 'Rudel's *Belhs m'es l'estius:* A New Reading,' *Neuphilologische Mitteilungen* 67 (1966) 137-44
Commentaire sur les structures du passé et du présent dans le poème; analyse du thème de la victoire remportée par le poète sur l'amour.

472
Lefèvre, Yves. 'Jaufre Rudel et son "amour de loin",' *Mélanges Le Gentil* (voir **38**), 461-77
Interprétation qui veut que tous les poèmes sauf le numéro 3 soient basés sur le thème de l'amour de la Terre Sainte, non seulement au sens propre, mais aussi au sens de Paradis. Commentaire détaillé du poème 5 pour illustrer l'interprétation.

473
Lejeune, Rita. 'La chanson de l' "amour de loin" de Jaufre Rudel,' *Studi in onore di Angelo Monteverdi* (Modène 1959) I, 403-43

Nouvelle édition du poème 5 avec traduction française, et transcription mélodique. Commentaire très dense qui insiste sur la lecture littérale du texte.

474
Walpole, Ronald N. 'Jaufre Rudel: Who Can Open the Book?' *Romance Philology* 13 (1959-60) 429-41
Contre les interprétations de Lejeune **473**, qui paraissent trop audacieuses; W. soutient la valeur du texte préservé par le manuscrit C.

475
Burger, André. '*Lanquand li jorn son lonc en mai:* Une chanson d'amour et de croisade,' *Mélanges offerts à René Crozet* (Poitiers 1966) II, 777-80
Nouvelle lecture du texte du poème 5 basée sur une nouvelle disposition des strophes; le poète, croisé en Terre Sainte, chanterait la douleur de la séparation de sa dame, restée en France.

476
Lefèvre, Yves. ' "L'amors de terra lonhdana" dans les chansons de Jaufre Rudel,' *Mélanges Lejeune* (voir **39**) 185-96
Comparaison du poème P-C 262, 6 au poème de Guilhem de Peitieu, *Farai un vers de dreyt nien* (P-C 183, 4): le poème est rattaché à un groupe de poèmes qui chantent la Terre Sainte.

477
Santangelo, Salvatore. 'Jaufre Rudel: *Qui no sap esser chantaire ...,*' *Studi in onore di Angelo Monteverdi* (Modène 1959) II, 681-90
Edition critique du poème P-C 262, 7 avec traduction française et analyse; S. soutient l'attribution du poème à Jaufre, bien qu'il n'y ait de preuves ni pour ni contre.

Voir aussi Hoepffner **112**; Lazar **151**, 86-102; Riquer **50**, 148-69; Topsfield **167**; Wilhelm **114**.

JAUSBERT DE PUYCIBOT

P-C 171; 15 poèmes, plus 2 d'attribution douteuse; 1210-30

478
Shepard, William P. *Les Poésies de Jausbert de Puycibot, troubadour du XIIIe siècle.* Classiques français du moyen âge 46 (Paris 1924). Pp. xviii + 94

Introduction philologique, textes critiques avec traductions françaises, notes, glossaire.

Voir aussi Riquer **50**, 1207-14.

LANFRANC CIGALA

P-C 282; 32 poèmes; 1235-70

479
Branciforti, Francesco. *Il canzoniere di Lanfranco Cigala*. Biblioteca dell' Archivum romanicum 37 (Florence 1954). Pp. 250
Introduction philologique et littéraire, textes critiques avec traductions italiennes, notes; sans glossaire. Voir aussi les remarques détaillées sur le texte par K. Lewent, *Bollettino del Centro di studi filologici e linguistici siciliani* 7 (1962) 171-92.

480
Ferrero, Giuseppe G. *I trovatori d'Italia (Sordello – Lanfranc Cigala)*, 2 vols. (Turin 1967). Pp. 123 et 32
Texte de sept poèmes de Sordel, huit de Lanfranc (vol. I), avec une introduction brève sur chaque poète, des traductions italiennes, et un commentaire des poèmes (vol. II).

Voir aussi Riquer **50**, 1359-69.

LUQUET GATELUS

P-C 290; 6 poèmes; 1264-1301

481
Boni, Marco. *Luchetto Gattilusio, liriche: Edizione critica con studio introduttivo, traduzioni, note, e glossario*. Biblioteca degli Studi mediolatini e volgari 2 (Bologna 1957). Pp. lxi + 51
Introduction philologique et littéraire, textes critiques avec traductions italiennes, notes, glossaire.

MARCABRU

P-C 293; 44 poèmes, dont 4 avec notation mélodique; 1130-50

482
Dejeanne, Jean-M. *Poésies complètes du troubadour Marcabru.* Bibliothèque méridionale 12 (Toulouse 1909). Pp. 298
Edition insuffisante, mais la seule complète jusqu'ici. Voir les corrections au texte proposées par G. Bertoni, *Studi medievali* 3 (1911) 639-57 et par K. Lewent, *Zeitschrift für romanische Philologie* 37 (1913) 313-37 et 427-51. Aurelio Roncaglia prépare une édition nouvelle pour les Classiques d'Oc; il a déjà édité bon nombre des poèmes individuellement: voir les références dans Pirot **483**, p. 96, note 24.

483
Pirot, François. 'Bibliographie commentée du troubadour Marcabru,' *Le Moyen âge* 73 (1967) 87-126
Bibliographie complète jusqu'à 1966; remarques utiles sur toutes les études importantes.

484
Boissonnade, Prosper. 'Les personnages et les événements de l'histoire d'Allemagne, de France, et de l'Espagne dans l'oeuvre de Marcabru (1129-1150),' *Romania* 48 (1922) 207-42
Commentaire historique solide sur le poète et sur la chronologie de ses poèmes.

485
Appel, Carl. 'Zu Marcabru,' *Zeitschrift für romanische Philologie* 43 (1923) 403-69
Malgré son âge, c'est la seule étude d'ensemble du troubadour, embrassant la biographie, la chronologie, les genres lyriques, les structures métriques, et l'influence du poète.

486
Roncaglia, Aurelio. 'Per un'edizione e per l'interpretazione dei testi del trovatore Marcabruno,' *Actes I* (voir **32**) 47-55
Commentaire détaillé sur quelques mots et expressions difficiles; l'attitude de Marcabru serait essentiellement anti-courtoise, exprimée au moyen de l'ironie et de la parodie.

487
Nichols, Stephen G., Jr. 'Toward an Aesthetic of the Provençal Lyric II: Marcabru's *Dire vos vuoill ses doptansa* (BdT 293, 18),' *Mélanges Bergin* (voir **33**) 15-37
Analyse détaillée du poème de Marcabru; N. soutient, contre la notion de Zumthor de l' 'objectivation totale' de la lyrique médiévale, l'importance de l'imagination créatrice unique du poète, que nous pouvons connaître à travers son oeuvre. Cf. Nicholls **211**.

488
Errante, Guido. *Marcabru e le fonti sacre dell'antica lirica romanza.* Biblioteca sansoniana critica 12 (Florence 1948). Pp. viii + 200
Etude ambitieuse des thèmes poétiques et de leurs sources, malheureusement déformée par l'hypothèse exclusive des origines bibliques et liturgiques.

489
Pirot, François. '*A la fontana del vergier* du troubadour Marcabru (P-C 293.1): Edition, traduction, et notes,' *Travaux de linguistique et de littérature* 11 (1973) I *(Mélanges offerts à M. Paul Imbs)* 621-42
Texte critique avec traduction française, notes textuelles extrêmement détaillées et précises.

490
Olson, Susan. 'Immutable Love: Two Good Women in Marcabru,' *Neophilologus* 60 (1976) 190-99
Marcabru a la réputation d'être constamment misogyne à cause de ses critiques âpres des femmes nobles; O. démontre que dans les deux poèmes P-C 293, 1 *A la fontana del vergier* et P-C 293, 30 *L'autrier jost'una sebissa,* les figures féminines représentent la fidélité et la vérité de l'amour parfait et de la vertu.

491
Fantazzi, Charles. 'Marcabru's *Pastourelle:* Courtly Love Decoded,' *Studies in Philology* 71 (1974) 385-403
Analyse thématique qui révèle qu'il ne s'agit pas dans le poème de la *fin' amor;* l'amant est vaincu par un esprit plus vif que le sien dans cette parodie extrêmement raffinée de la forme traditionnelle de la pastourelle.

492
Pagani, Walter. 'Per un'interpretazione di *A la fontana del vergier,*' *Studi mediolatini e volgari* 20 (1972) 169-74
Etude de l'aspect moral et satirique du poème.

493
Hatcher, Anna G. 'Marcabru's *A la fontana del vergier,* ' *Modern Language Notes* 79 (1964) 284-95
Analyse du renouvellement ingénieux des rapports traditionnels entre chevalier et bergère dans cette pastourelle, remarquable surtout pour son portrait saisissant de la douleur.

494
Ricketts, Peter T. '*A l'alena del vent doussa* de Marcabrun: Edition critique, traduction, et commentaire,' *Revue des langues romanes* 78 (1968) 109-15
Edition critique du poème P-C 293, 2, avec traduction française, notes, et commentaire détaillé.

495
Roncaglia, Aurelio. 'La tenzone tra Ugo Catola e Marcabruno,' *Linguistica e filologia, omaggio a Benvenuto Terracini* (Milan 1968) 203-54
Introduction philologique et historique qui permet de dater le poème P-C 293, 6 ca. 1133-7; texte critique avec traduction italienne, notes abondantes.

496
Ricketts, Peter T. et John Hathaway. 'Le *Vers del lavador* de Marcabrun: Edition critique, traduction, et commentaire,' *Revue des langues romanes* 77 (1966) 1-11
Edition soignée du poème P-C 293, 35, avec traduction française, notes, et commentaire.

Voir aussi Hoepffner **112**, 30-46; Pollmann **154**, 185-92; Riquer **50**, 170-219; Roncaglia **207**; Topsfield **167**; Wilhelm **114**, 63-86.

MONGE DE MONTAUDON

P-C 305; il s'agit peut-être de Peire de Vic, prieur de Montaudon et de Villefranche; 16 poèmes, dont 2 avec notation mélodique, plus 6 d'attribution douteuse; 1180-1213

497
Klein, Otto. *Die Dichtungen des Mönchs von Montaudon.* Ausgaben und Abhandlungen in dem Gebiet der romanischen Philologie 7 (Marburg 1885). Pp. 146

Introduction philologique, textes critiques sans traduction, notes, glossaire complet. Michael Routledge prépare une nouvelle édition critique.
498
Rochemaure, duc de la Salle de. *Les Troubadours cantaliens*, 2 vols. (Aurillac 1910). Pp. 651 et 607 + xx
Présentation biographique du troubadour: I, 247-310; textes: II, 242-405, édités par René Lavaud avec traductions françaises (à part quelques passages licencieux traduits en latin!), peu de notes; sans glossaire.
499
Routledge, Michael J. 'Essai d'établissement du texte du sirventés *Pos Peire d'Alvernhe a chantat*,' *Revue des langues romanes* 78 (1969) 103-27
Edition critique du poème P-C 305, 16, sans traduction; notes détaillées.

Voir aussi Riquer **50**, 1024-45.

PEIRE D'ALVERNHA

P-C 323; 24 poèmes, dont 1 avec notation mélodique; 1150-70

500
Del Monte, Alberto. *Peire d'Alvernha: Liriche; testo, traduzione, e note*. Collezione di 'Filologia romanza' (Turin 1955). Pp. 207
Textes critiques avec traductions italiennes, notes interprétatives, glossaire; le côté philologique (attributions, chronologie, langue, métrique, biographie) est entièrement négligé — pour ceci, voir Zenker **501**.
501
Zenker, Rudolf. *Die Lieder Peires von Auvergne, kritisch herausgegeben mit Einleitung, Übersetzung, Kommentar, und Glossar* (Erlangen 1900). Pp. x + 266
Introduction philologique et biographique; analyse des structures métriques; textes critiques avec traductions allemandes, notes, glossaire.
502
Topsfield, Leslie T. 'The "natural fool" in Peire d'Alvernhe, Marcabru, and Bernart de Ventadorn,' *Mélanges Rostaing* (voir **40**) 1149-58
Etude des deux termes qui reflètent chez les trois poètes des idées très variées concernant la vie, l'amour, et la poésie.

503
Lejeune, Rita. 'La "Galerie littéraire" du troubadour Peire d'Alvernhe,' *Actes III* (voir **32**) 35-54
Etude historique méticuleuse sur le poème P-C 323, 11 *Chanterai d'aquestz trobadors*, qui prouve l'impossibilité de l'hypothèse de Pattison **505** concernant le lieu et la date de rédaction. Cf. Pirot **720**, 174-7.

504
Roncaglia, Aurelio. 'Due postille alla "Galleria letteraria" di Peire d'Alvernhe,' *Marche romane* 19 (1969) 71-8
Le Bernatz de Saissac de la neuvième strophe est peut-être Bernart Marti; interprétation de *als enflabotz* dans le sens d'une série de *gaps* joyeux.

505
Pattison, Walter T. 'The Background of Peire d'Alvernhe's *Chantarai d'aquest trobadors*,' *Modern Philology* 31 (1933) 19-34
Hypothèse séduisante selon laquelle les troubadours mentionnés aurient fait partie d'une délégation qui accompagnait Aliénor Plantagenet, fille d'Aliénor d'Aquitaine, à Castille en 1170, lors de son mariage avec Alphonse VIII. Voir pourtant Lejeune **503**.

Voir aussi Riquer **50**, 311-41.

PEIRE BREMON RICAS NOVAS

P-C 330; 20 poèmes, plus 1 d'attribution douteuse; 1229-40

506
Boutière, Jean. *Les Poésies du troubadour Peire Bremon Ricas Novas.* Bibliothèque méridionale, 1re série, 21 (Toulouse et Paris 1930). Pp. xxvii + 131
Introduction philologique, textes critiques avec traductions françaises, notes.

507
Bertoni, Giulio et Alfred Jeanroy. 'Un duel poétique au XIIIe siècle: Les *sirventès* échangés entre Sordel et Peire Bremon Ricas Novas,' *Annales du Midi* 28 (1916) 269-305
Trois paires de *sirventès* composés d'insultes et de ripostes (Sordel avait déclaré la guerre à Peire Bremon à cause d'une rivalité en amour; textes avec traductions françaises et notes.

Voir aussi Riquer **50**, 1280-87.

PEIRE CARDENAL

P-C 335; 96 poèmes, dont 3 avec notation mélodique, plus 8 d'attribution douteuse; 1200-78

508
Lavaud, René. *Poésies complètes du troubadour Peire Cardenal (1180-1278): Texte, traduction, commentaire, analyse des travaux antérieurs, lexique.* Bibliothèque méridionale, 2e série, 34 (Toulouse 1957). Pp. ix + 778
Textes critiques avec traductions françaises, notes abondantes, glossaire; étude littéraire qui passe en revue toutes les études antérieures importantes; divers tableaux métriques. Voir les corrections et commentaires de K. Lewent, *Neuphilologische Mitteilungen* 62 (1961) 71-94.

509
Camproux, Charles. *Peire Cardenal: Tròces causits, amb una introduccion a de notas.* Los pichons classics occitans 2 (Montpellier 1970). Pp. 75
Reproduit le texte de Lavaud **508** de la *vida* et de 19 poèmes, avec une introduction et des notes en occitan moderne.

510
Fabre, Frédéric. 'Deux pièces du troubadour Peire Cardenal,' *Lettres romanes* 13 (1959) 399-412
Commentaire du texte de deux *sirventès* (P-C 335, 12 et 13) et de deux vers d'un autre (P-C 335, 43), basé sur l'édition de Lavaud.

511
Lassalle, Roger. 'Peire Cardenal, Juvénal d'Occitanie?' *Bulletin de l'Association Guillaume Budé,* 4e série, 1 (1973) I, 103-12
Caractérisation du poète, connu par la virulence de sa satire concernant la moralité de son époque; Peire aurait été plus sincère, moins dilettante que le rhéteur romain, surtout par sa résistance active à l'oppression.

512
Camproux, Charles. 'Cardenal et Rutebeuf, poètes satiriques,' *Revue des langues romanes* 79 (1971) 3-28
Apologie de la satire comme un des grands thèmes de la poésie des troubadours; Rutebeuf rit et fait rire en employant la satire, tandis que chez Peire Cardenal il s'agit d'un sarcasme violent et tragique.

513
Lassalle, Roger. 'Proverbe et paradoxe chez Peire Cardenal, auteur de

sirventès,' *Romanistique.* Annales de la Faculté des lettres et sciences humaines de Nice 14 (Nice 1971) 29-40
Inventaire partiel des proverbes chez Peire; considération de son emploi osé du paradoxe, preuve de son esprit libre et critique, et de son individualisme presque humaniste.

514
Camproux, Charles. 'Présence de Peire Cardenal,' *Présence des troubadours* (voir **111**) 23-47
Peire est bien le produit de son époque, mais ses oeuvres restent encore très vivantes aujourd'hui à cause des parallèles qu'on y trouve avec les écrits de protestation des occitanistes modernes.

515
Goldin, Frederick. 'The Law's Homage to Grace: Peire Cardenal's *Vera Vergena, Maria,*' *Romance Philology* 20 (1966-7) 466-77
Belle analyse du poème P-C 335, 70 qui crée une harmonie poétique entre deux images de l'homme qui s'excluent en réalité: celle du Juge qui maintient la continuité de l'ordre humain, et celle de la Grâce qui pardonne la faiblesse de la nature humaine.

Voir aussi Riquer **50**, 1478-1518.

PEIRE RAIMON DE TOLOSA

P-C 355; 18 poèmes, dont 1 avec notation mélodique; 1180-1225

516
Cavaliere, Alfredo. *Le poesie di Peire Raimon de Tolosa (introduzione, testi, traduzioni, note).* Biblioteca dell'Archivum romanicum 22 (Florence 1935). Pp. xx + 163
Introduction philologique, textes critiques avec traductions italiennes, notes, glossaire.

Voir aussi Anglade **568**, 57-86; Riquer **50**, 931-40.

PEIRE ROGIER

P-C 356; 8 poèmes, plus 1 d'attribution douteuse; 1160-80

517
Nicholson, Derek T. *The Poems of the Troubadour Peire Rogier* (Manchester et New York 1976). Pp. vii + 171
Edition critique avec notes et glossaire; sans traductions.

Voir aussi Riquer **50**, 263-71; Rochemaure **498**, 406-83.

PEIRE VIDAL

P-C 364; 45 poèmes, dont 13 avec notation mélodique, plus 4 d'attribution douteuse; 1180-1206

518
Avalle, D'Arco S. *Peire Vidal: Poesie.* Documenti di filologia 4, 2 vols. (Milan et Naples 1960). Pp. cxl + 484 + 1 carte
Etude codicologique très détaillée, textes critiques accompagnés de commentaires, sans traductions; glossaire réduit.

519
Anglade, Joseph. *Les Poésies de Peire Vidal.* Classiques français du moyen âge 11 (Paris 1913; 2e éd. révisée 1923). Pp. xii + 191
Brève introduction, textes critiques avec traductions françaises, notes, glossaire.

520
Sesini, Ugo. 'Peire Vidal e la sua opera musicale,' *Rassegna musicale* 16 (1943) 25-33, 65-95
Etude biographique; transcription des 12 mélodies avec textes, traductions italiennes et commentaire musicologique.

521
Hoepffner, Ernest. *Le Troubadour Peire Vidal, sa vie et son oeuvre.* Publications de la Faculté des lettres de l'université de Strasbourg 141 (Paris 1961). Pp. 190
Publication posthume éditée par Margaret Pelan; étude biographique du poète, accompagnée d'une analyse littéraire des poèmes qui s'attachent à

chaque période de sa vie. Etude basée sur les textes d'Anglade **519**.
522
Ferrari, Anna. 'Bernart de Ventadorn "fonte" di Peire Vidal,' *Cultura neolatina* 31 (1971) 171-203
F. analyse toute une série de parallèles qui prouvent une imitation consciente de Bernart par Peire Vidal.
523
Musso, Franco. 'Tono iperbolico e vanterie in Peire Vidal,' *Omaggio a Camillo Guerrieri-Crocetti.* Studi e testi romanzi e mediolatini 2, éd. Guido Favati (Gênes 1971) 439-53
Le poète se vante de sa prouesse militaire et amoureuse, de sa renommée poétique; le trait peut indiquer une personnalité extravagante, ou la manipulation ironique et géniale d'un thème poétique traditionnel.
524
Payen, Jean-C. '*Peccat* chez le troubadour Peire Vidal,' *Mélanges Boutière* (voir **34**) 445-52
Le motif du repentir est presque absent de l'éthique courtoise des troubadours. Peire n'emploie le mot *peccat* que pour blâmer un excès de rigueur chez sa dame.

Voir aussi Anglade **568**, 33-56; Carroll **319**; Hoepffner **112**, 124-48; Riquer **50**, 858-914.

PEIROL

P-C 366; 32 poèmes, dont 17 avec notation mélodique, plus 2 d'attribution douteuse; 1180-1225

525
Aston, Stanley C. *Peirol, Troubadour of Auvergne* (Cambridge 1953). Pp. viii + 190 + 19 planches
Introduction philologique, textes critiques avec traductions anglaises, notes, bref glossaire.
526
Switten, Margaret L. 'Metrical and Musical Structure in the Songs of Peirol,' *Romanic Review* 51 (1960) 241-55
Analyse métrique du texte des 17 poèmes qui sont préservés avec notation

mélodique; analyse rythmique des mélodies, où l'on trouve la même recherche de clarté et d'équilibre dans la structure, combinée avec la même richesse d'ornementation dans le détail. Voir aussi **527**.

527
Switten, Margaret L. 'Text and Melody in Peirol's *Cansos*,' *Publications of the Modern Language Association of America* 76 (1961) 320-25
Complément à **526**; dans le texte comme dans la mélodie, le poète ne cherche pas à représenter un sentiment, mais à atteindre la perfection formelle des valeurs universelles.

Voir aussi Riquer **50**, 1113-28.

PERDIGON

P-C 370; 14 poèmes, dont 3 avec notation mélodique; 1195-1220

528
Chaytor, Henry J. *Les Chansons de Perdigon*. Classiques français du moyen âge 53 (Paris 1926). Pp. xi + 76
Introduction philologique, textes critiques avec traductions françaises, notes, glossaire.

Voir aussi Riquer **50**, 955-62.

PISTOLETA

P-C 372; 11 poèmes, dont 1 avec notation mélodique; 1195-1230

529
Niestroy, Erich. *Der Trobador Pistoleta*. Beihefte zur Zeitschrift für romanische Philologie 52 (Halle 1914). Pp. xvi + 77
Introduction philologique, textes critiques avec traductions allemandes, notes; sans glossaire.

Voir aussi Riquer **50**, 1164-70.

PONS DE CAPDUELH

P-C 375; 26 poèmes, dont 4 avec notation mélodique; vers le début du 13e siècle

530
Napolski, Max von. *Leben und Werke des Trobadors Ponz de Capduoill* (Halle 1879). Pp. 152
Textes parfois défectifs; ni commentaire ni glossaire.

531
Lucas, Harry H. 'Pons de Capduoill and Azalaïs de Mercuor; a Study of the *Planh*,' *Nottingham Mediaeval Studies* 2 (1958) 119-31
Commentaire sur le *planh* comme genre lyrique (maîtrisé ici par Pons); texte critique avec traduction anglaise de cette lamentation stylisée sur la mort d'Azalaïs.

Voir aussi Riquer **50**, 1261-9.

PONS DE LA GUARDIA

P-C 377; 9 poèmes; 1154-88

532
Frank, István. 'Pons de la Guardia, troubadour catalan du XIIe siècle,' *Boletín de la Real Academia de buenas letras de Barcelona* 22 (1949) 229-327
Introduction philologique et biographique très précise; étude des thèmes et de la versification; textes critiques avec traductions françaises, notes; sans glossaire. Cf. compte-rendu par E. Hoepffner, *Romania* 72 (1951) 115-118.

Voir aussi Riquer **50**, 543-7.

RAIMBAUT D'AURENGA

P-C 389; 41 poèmes, dont 1 avec notation mélodique; 1150-73

533
Pattison, Walter T. *The Life and Works of the Troubadour Raimbaut d'Orange* (Minneapolis 1952). Pp. xiv + 225
Introduction philologique et littéraire, textes critiques avec traductions anglaises, notes, bref glossaire.

534
Delbouille, Maurice. 'Les *senhals* littéraires désignant Raimbaut d'Orange et la chronologie de ces témoignages,' *Cultura neolatina* 17 (1957) 49-73
Etude détaillée qui démontre que chacun des *senhals* Joglar, Linhaura, et Tristan est tiré d'un de ses propres poèmes.

535
Roncaglia, Aurelio. 'Carestia,' *Cultura neolatina* 18 (1958) 121-37
R. construit l'hypothèse fascinante d'une polémique littéraire dans laquelle Chrétien de Troyes aurait répliqué à un poème de Bernart de Ventadorn (P-C 70, 43), qui serait la réponse à un poème de Raimbaut d'Aurenga (P-C 389, 32) qui aurait d'abord fait référence à une oeuvre perdue de Chrétien.

536
Scheludko, Dimitri. 'Anlässlich des Liedes von Raimbaut d'Aurenga *Cars douz* (Zur Fragen nach dem *trobar clus*),' *Archivum romanicum* 21 (1937) 285-97
Analyse du poème P-C 389, 22 pour illustrer l'influence de Marcabru sur Raimbaut et sur beaucoup d'autres troubadours; présentation claire de la notion capitale de l'imitation dans la poésie des troubadours.

537
Marshall, John H. 'On the Text and Interpretation of a Poem of Raimbaut d'Orange (*Cars douz:* ed. Pattison, 1),' *Medium aevum* 37 (1968) 12-36
Edition critique du poème P-C 389, 22 avec traduction anglaise, notes; analyse minutieuse de la tradition manuscrite, de la métrique, et du sens du poème.

Voir aussi Riquer **50**, 418-58.

RAIMBAUT DE VAQUEIRAS

P-C 392; 26 poèmes lyriques, dont 8 avec notation mélodique, plus 7 d'attribution douteuse; 1 'lettre épique'; 1175-1207

538
Linskill, Joseph. *The Poems of the Troubadour Raimbaut de Vaqueiras* (La Haye 1964). Pp. xii + 350
Introduction philologique et littéraire, texte critique des poèmes lyriques et de la 'lettre épique', avec traduction anglaise, notes abondantes, bref glossaire.
539
Bertolucci Pizzorusso, Valeria. 'Posizione e significato del canzoniere di Raimbaut di Vaqueiras nella storia della poesia provenzale,' *Studi mediolatini e volgari* 11 (1963) 9-68
Etude des rapports de Raimbaut avec d'autres poètes; définition de son art poétique.
540
Lo Cascio, Renzo. 'L'itinerario di guerra di Rambaldo di Vaqueiras in Sicilia,' *Bollettino del Centro di studi filologici e linguistici siciliani* 5 (1957) 117-51
Analyse détaillée des voyages du poète qui a accompagné Boniface de Montferrat à la conquête de Palerme par Henri VI en 1194; commentaire sur l'importance des événements pour la poésie de Raimbaut, surtout sa 'lettre épique' en -o.
541
Horrent, Jules. '*Altas undas que venez suz la mar*,' *Mélanges Boutière* (voir 34) 305-16
Analyse thématique, considération des sources et de l'attribution du poème P-C 392, 5a, qui pourrait bien être de Raimbaut, selon H.
542
McPeek, Gwynn S. '*Kalenda maia:* A Study in Form,' *Medieval Studies in Honor of Robert White Linker* (Valence 1973) 141-54
Etude brillante de la forme mélodique dans ses rapports avec le texte; M. confirme la notion que l'*estampida* est une variante de la *canso;* texte édité selon la nouvelle interprétation structurale, avec traduction anglaise.
543
Gennrich, Friedrich. 'Die Deutungen der Rhythmik der *Kalendamaya*-

Melodie,' *Romanica: Festschrift für Gerhard Rohlfs,* éd. Heinrich Lausberg et Harald Weinrich (Halle 1958) 181-92
Discussion de plusieurs interprétations rythmiques de la mélodie, suivie de sa propre interprétation, basée sur le rythme des chansons populaires françaises.

544
Lawner, Lynn. 'The Riddle of the Dead Man (Raimbaut de Vaqueiras *Las frevols venson lo plus fort*),' *Cultura neolatina* 27 (1967) 30-40
Interprétation du poème P-C 392, 21, surtout en fonction de la sexualité, mais qui envisage aussi les implications scholastiques et philosophiques.

Voir aussi Riquer **50**, 811-57.

RAIMON JORDAN

P-C 404; 11 poèmes, dont 2 avec notation mélodique; 1160-85

545
Kjellman, Hilding. *Le Troubadour Raimon Jordan, vicomte de Saint-Antonin, édition critique accompagnée d'une étude sur le dialecte parlé dans la vallée de l'Aveyron au XIIe siècle* (Upsal et Paris 1922). Pp. 142
Introduction philologique, littéraire, et dialectologique; textes critiques avec traductions françaises, notes; sans glossaire.

Voir aussi Riquer **50**, 574-82.

RAIMON DE MIRAVAL

P-C 406; 44 poèmes, dont 21 avec notation mélodique, plus 7 d'attribution douteuse; 1185-1213

546
Topsfield, Leslie T. *Les Poésies du troubadour Raimon de Miraval, édition critique et traduction française.* Les Classiques d'Oc 4 (Paris 1971). Pp. 399
Introduction philologique et littéraire, textes critiques avec traductions françaises, notes; sans glossaire.

547
Topsfield, Leslie T. 'Raimon de Miraval and the Art of Courtly Love,' *Modern Language Review* 51 (1956) 33-41
Raimon chante non pas l'émotion mais le cérémonial de la *cortezia*, en insistant sur l'adhérence rigoureuse au code de la *fin'amor*, qui estime surtout la valeur sociale du *pretz*.

548
Switten, Margaret L. 'Raimon de Miraval's *Be m'agrada* and the Unrhymed Refrain in Troubadour Poetry,' *Romance Philology* 22 (1968-9) 432-48
Edition critique du poème P-C 406, 13; étude de la répétition lexicale comme structure formelle difficile et raffinée, dans ce poème et dans sept autres de différents poètes.

549
Topsfield, Leslie T. '*Cortez'ufana* chez Raimon de Miraval,' *Actes III* (voir 32) II, 102-10
Paradoxe apparent dans le vocabulaire super-raffiné de la casuistique: à la requête de sa dame, le poète, fier défenseur des règles de la *cortezia*, renonce à critiquer les dames non-courtoises, et accepte même de donner un faux semblant de courtoisie (*cortez'ufana*) plutôt que de désobéir.

Voir aussi Riquer **50**, 983-1008.

RAIMON DE LAS SALAS

P-C 409; 4 poèmes, plus 1 d'attribution douteuse; première moitié du 13e siècle

550
Chambers, Frank M. 'Raimon de la Salas,' *Essays in Honor of Louis Francis Solano*. University of North Carolina Studies in the Romance Languages and Literatures 92 (Chapel Hill 1970) 29-51
Brève introduction philologique, textes critiques avec traductions anglaises, notes.

Voir aussi Riquer **50**, 1094-9.

RAMBERTI DE BUVALEL

P-C 281; 7 poèmes, plus 3 d'attribution douteuse; 1175-1221

551
Bertoni, Giulio. *Rambertino Buvalelli, trovatore bolognese, e le sue rime provenzali.* Gesellschaft für romanische Literatur 17 (Dresde 1908). Pp. 79
Introduction historique et philologique; textes critiques avec traductions italiennes, notes.

Voir aussi Riquer **50**, 1139-43.

RIGAUT DE BERBEZILH

P-C 421; 9 poèmes, dont 5 avec notation mélodique, plus 6 d'attribution douteuse; 1140-63, dates controversées

552
Varvaro, Alberto. *Rigaut de Berbezilh: Liriche.* Biblioteca di filologia romanza 4 (Bari 1960). Pp. 295
Textes critiques avec traductions italiennes, notes, bref glossaire; l'édition a paru curieusement au même moment que celle de Braccini **553**; on préférera les textes moins éclectiques et l'introduction littéraire plus développée de V., le commentaire philologique plus détaillé de B.

553
Braccini, Mauro. *Rigaut de Barbezieux: Le canzoni, testo e commento.* Studi dell'Accademia Toscana di scienze e lettera 'La Colombaria' 7 (Florence 1960). Pp. 144
Textes critiques avec traductions italiennes, commentaire sur les thèmes et les moyens rhétoriques.

554
Lejeune, Rita. 'Le troubadour Rigaut de Barbezieux,' *Mélanges Frank* (voir **36**) 269-95
Etude littéraire qui souligne l'originalité de Rigaut, surtout dans son emploi des comparaisons; L. propose une datation antérieure à celle qui était généralement acceptée.

555
Lejeune, Rita. 'Analyse textuelle et histoire littéraire: Rigaut de Barbezieux,' *Le Moyen âge* 68 (1962) 331-77
Contre les datations proposées par Varvaro **552** et Braccini **553**, L. fournit de bonnes raisons historiques, stylistiques, et littéraires pour situer l'activité poétique du troubadour entre les années 1140 et 1160.

556
Varvaro, Alberto. 'Encore sur la datation de Rigaut de Barbezieux, questions de détail et question de méthode,' *Le Moyen âge* 70 (1964) 377-95
V. refuse les dates de l'activité poétique proposées par Lejeune **555**, en insistant sur la nécessité de se baser sur le texte des poèmes pour arriver à une datation convaincante.

557
Lejeune, Rita. 'La datation du troubadour Rigaut de Barbezieux,' *Le Moyen âge* 70 (1964) 397-417
Réplique à Varvaro **556**; L. insiste sur l'utilité des documents historiques extérieurs dans la datation des oeuvres littéraires médiévales.

Voir aussi Jauss **102**, VI, 1, 172-4; Riquer **50**, 281-99.

SAVARIC DE MAULEON

P-C 432; 2 *partimens*, 1 *cobla* isolée; ca. 1205-13

558
Chaytor, Henry J. *Savaric de Mauléon, Baron and Troubadour* (Cambridge 1939). Pp. xii + 96
Etude biographique très développée; analyse de l'activité poétique de Savaric, avec traduction anglaise des deux *partimens;* textes occitans en appendice. Pour le texte de la *cobla,* voir *Neophilologus* 2 (1917) 147-8.

Voir aussi Riquer **50**, 941-50.

SORDEL

P-C 437; 42 poèmes et l'*Ensenhamen d'onor* (voir **716**); 1225-69

559
Boni, Marco. *Sordello: Le poesie. Nuova edizione critica con studio introduttiva, traduzioni, note, e glossario.* Biblioteca degli 'Studi mediolatini e volgari' 1 (Bologna 1954). Pp. ccii + 311
Etude biographique détaillée; analyse historique et métrique des poèmes; textes critiques avec traductions italiennes, notes, glossaire.

560
Bowra, Cecil M. 'Dante and Sordello,' *Comparative Literature* 5 (1953) 1-15
Commentaire des références de Dante à Sordel, surtout au sujet de son *planh* sur la mort de Blacatz, oeuvre admirée par Dante. Le texte du *planh* (P-C 437, 24 *Plaigner voill en Blacatz*) est reproduit avec traduction anglaise et commentaire sur son emploi par Dante.

561
Cocito, Luciana. 'Pro Sordello: La personalità,' *Lettere italiane* 4 (1952) 105-21
La réputation de Sordel comme vagabond et aventurier est contredite par le jugement laudatif de Dante; il s'agit d'une légende fausse, basée surtout sur plusieurs de ses poèmes qui ne sont pas à prendre au sérieux.

Voir aussi Hoepffner **112**, 185-98; Riquer **50**, 1455-72.

UC DE SAINT-CIRC

P-C 457; 44 poèmes, dont 3 avec notation mélodique; 1217-53

562
Jeanroy, Alfred et Jean-J. Salverda de Grave. *Poésies de Uc de Saint-Circ.* Bibliothèque méridionale 15 (Toulouse 1913). Pp. xl + 227
Introduction philologique approfondie, textes critiques avec traductions françaises, notes très détaillées; sans glossaire.

563
Smith, Nathaniel B. 'Guilhem Fabre, Uc de Saint-Circ, and the Old Provençal

Rime Dictionary,' *Romance Philology* 29 (1975-6) 501-7
Edition et analyse d'une *cobla* d'Uc (P-C 457, 17) qui satirise l'emploi
abusif de mots rares par un certain Guilhem Fabre. Il s'agit des commencements de la critique littéraire, à laquelle Uc a participé, et de la lutte contre
les excès de l'école du *trobar clus*.

Voir aussi Riquer **50**, 1339-48.

L'ECOLE DE TOULOUSE

Consistori de la Subragaya Companhia del Gai Saber, fondée en 1323 par
sept 'mainteneurs', soucieux de réagir contre la déchéance poétique et
culturelle de l'Occitanie

564
Jeanroy, Alfred. *Les Joies du Gai Savoir: Recueil de poésies couronnées
par le Consistoire de la Gaie Science (1324-1484), publié avec la traduction
de J.-B. Noulet, revue et corrigée, une introduction, des notes, et un glossaire.*
Bibliothèque méridionale, 1re série, 16 (Toulouse 1914). Pp. xxix + 321
C'est le registre de Guilhem de Galhac, contenant 72 morceaux; introduction
historique et littéraire sur la poésie académique à Toulouse aux 14e et 15e
siècles; textes avec traductions françaises, notes, glossaire, index de lauréats.
565
Noulet, Jean-B. et Camille Chabaneau. *Deux manuscrits provençaux du XIVe
siècle contenant des poésies de Raimon de Cornet, de Peire de Ladils, et
d'autres poètes de l'école toulousaine, publiés en entier pour la première
fois avec une introduction, notes, glossaire, et appendice.* Publications
spéciales de la Société pour l'étude des langues romanes 13 (Montpellier et
Paris 1888). Pp. lvi + 257
C'est le registre de Raimon de Cornet, contenant trois pièces couronnées,
avec d'autres oeuvres de Raimon, surtout son *Doctrinal de trobar* (1324).
566
Jeanroy, Alfred. 'La poésie provençale dans le Sud-Ouest de la France et
en Catalogne du début au milieu du XIVe siècle,' *Histoire littéraire de la
France* 38 (1949) 1-138
Histoire du Consistoire; aperçu historique de la poésie occitane en Catalogne
(pp. 13-28); notices sur plusieurs poètes occitans: Raimon de Cornet, Peire

de Ladils, Peire Lunel de Montech, Joan de Castelnau.
567
Jeanroy, Alfred. 'Poésies provençales inédites du XIVe siècle d'après le manuscrit de Barcelone,' *Annales du Midi* 52 (1940) 241-79
Edition d'une anthologie de 18 poèmes, tirés du chansonnier de Saragosse, couronnés par le Consistoire de Toulouse, et qui ont dû être rassemblés en vue de refléter l'idéal poétique du Consistori.
568
Anglade, Joseph. *Les Troubadours de Toulouse* (Toulouse et Paris 1928). Pp. vii + 211
Etude historique et littéraire des troubadours attachés à la ville de Toulouse; chapitres particuliers sur Peire Vidal, Peire Raimon de Tolosa, Aimeric de Peguilhan. Voir surtout chap. VII, 'L'école de Toulouse et le Gai Savoir.'

Voir aussi Thomas **663**.

IV
La Littérature Non-Lyrique: Textes et Etudes

LITTERATURE EPIQUE ET HISTORIQUE

Etudes générales

600
Roques, Mario. 'Poèmes épiques provençaux du XIVe siècle,' *Histoire littéraire de la France* 39 (1962) 133-68
Esquisse historique qui laisse en suspens la question de la priorité des chansons de geste en France; il y en a eu dans le Midi au 12e siècle, mais il n'en reste selon R. que des traces incomplètes et ambiguës. La question est à reprendre maintenant qu'on a daté *Rollan a Saragossa* et *Ronsasvals* du 12e siècle (voir **626, 629,** et **630**).
601
Pirot, François. 'Olivier de Lausanne et Olivier de Verdu(n): Sur les traces d'une épopée occitane?' *Mélanges Lejeune* (voir **39**) 247-65
P. passe en revue la question controversée des origines de l'épopée provençale et soutient de manière convaincante l'hypothèse d'une longue tradition épique occitane indépendante de la tradition française.
602
Lejeune, Rita. 'L'esprit de croisade dans l'épopée occitane,' *Paix de Dieu et guerre sainte en Languedoc au XIIIe siècle.* Cahiers de Fanjeaux 4 (Toulouse 1969) 143-73
Etude thématique de la tradition épique médiévale qui est unifiée, selon L., par un 'esprit de croisade'; analyses particulières de la *Canso d'Antiocha*, pp. 144-55 et de la *Canso de la Crosada*, pp. 155-60; L. postule une riche tradition épique ancienne maintenant perdue.

603
Chaytor, Henry J. *The Provençal Chanson de Geste.* The Taylorian Lecture 1946 (Londres 1946). Pp. 39
Commentaire sur le maigre corpus épique en langue occitane; la pénurie de textes est due, selon C., au manque d'un sentiment national suffisamment robuste. Résumé et analyse de la *Canso de Ferabratz*, pp. 24-39.

Aigar et Maurin

Chanson de geste du 12e siècle, dont il ne reste que 2 fragments de 1437 vers au total

604
Brossmer, Alfred. '*Aigar et Maurin,* Bruchstücke einer chanson de geste nach der einzigen Handschrift in Gent neu herausgegeben,' *Romanische Forschungen* 14 (1903) 1-192
Introduction littéraire et linguistique, texte critique sans traduction, glossaire. Voir les corrections au texte proposées par Giulio Bertoni, *Archivum romanicum* 2 (1917) 214-16.

Voir aussi Hackett **622**, 115-18 (la langue de *Aigar et Maurin*).

Canso d'Antiocha

Chronique composée entre 1126 et 1138 par Gregori Bechada, adaptée librement de la *Chanson d'Antioche* française de Richard le Pèlerin, qui n'est plus connue que sous la forme du remaniement de ca. 1180 par Graindor de Douai. Il ne reste de la *Canso* qu'un fragment de 707 vers

605
Meyer, Paul. 'Fragment d'une *Chanson d'Antioche* en provençal,' *Archives de l'orient latin* 2, II (Paris 1884) 467-509
Introduction, texte critique, et traduction française.
606
Paris, Gaston. 'La *Chanson d'Antioche* provençale et la *Gran Conquista de Ultramar,*' *Romania* 17 (1888) 513-41, 19 (1890) 562-91, 22 (1893) 345-63

P. démontre que l'auteur de la *Gran Conquista*, au 14e siècle, a utilisé la *Canso d'Antiocha;* il est donc possible de reconstituer le contenu de la *Canso.*

Voir aussi Lejeune **602**, 144-55; Lejeune **630**.

Roman d'Arles

Chronique romancée anonyme, composée au 14e siècle. Le texte primitif d'environ 1500 vers a été remanié, partiellement en prose

607
Chabaneau, Camille. 'Le *Roman d'Arles,*' *Revue des langues romanes* 32 (1888) 473-542
Introduction, texte critique sans traduction, notes.
608
Roques, Mario. 'Le *Roman d'Arles,*' *Histoire littéraire de la France* 38 (1949) 606-40
Etude philologique et historique, analyse de la forme et du contenu du *Roman;* le texte n'est pas reproduit.

Canso de la Crosada

Chronique de la Croisade contre les Albigeois, composée entre 1210 et 1218 par deux poètes. La première partie, qui compte 2772 vers rédigés par Guilhem de Tudela, raconte les événements jusqu'à la bataille de Muret, juillet 1213; la deuxième, anonyme mais de valeur littéraire supérieure, raconte en 9578 vers les événements jusqu'à la mort de Simon de Monfort en 1218

609
Martin-Chabot, Eugène. *La* Chanson de la Croisade albigeoise, *éditée et traduite du provençal.* Classiques de l'histoire de France au moyen âge 13, 24, et 25 (Paris 1931, 1957, et 1961; le premier vol. révisé 1960). Pp. 304, 360, et 429
Texte critique, traduction française, étude historique très détaillée.

610
Camproux, Charles. *La* Cançon de la Crosada: *Tròces causits, presentats amb una introduccion e de nòtas.* Los pichons classics occitans 10 (Montpellier 1972). Pp. 143
Brève introduction historique, linguistique, et littéraire; extraits tirés de treize épisodes représentatifs, sans traductions; glossaire.

611
D'Heur, Jean-Marie. 'Sur la date, la composition, et la destination de la *Chanson de la Croisade albigeoise* de Guillaume de Tudèle,' *Mélanges Rostaing* (voir **40**) 231-66
Etude qui indique que l'oeuvre a été composée de manière continue en quelques mois entre juillet-août 1212 et février 1213 et destinée à Guillaume de Contres, mentionné dans les laisses 127-30.

612
D'Heur, Jean-Marie. 'Notes sur l'histoire du manuscrit de la *Chanson de la Croisade albigeoise* et sur quelques copies modernes,' *Annales du Midi* 85 (1973) 442-50
Etude codicologique très détaillée du manuscrit unique; riche bibliographie.

613
Dossat, Yves. 'La croisade vue par les chroniqueurs,' *Paix de Dieu et guerre sainte en Languedoc au XIIIe siècle.* Cahiers de Fanjeaux 4 (Toulouse 1969) 221-59
Voir surtout 242-57: analyse des deux parties de la *Canso.*

614
Lafont, Robert. 'Composition et rythme épiques dans la seconde partie de la *Chanson de la Croisade albigeoise,*' *Revue de langue et littérature provençales* 9 (1962) 42-56
Etude stylistique qui souligne la grande valeur littéraire de l'oeuvre.

Voir aussi Lejeune **602**, 155-60.

Daurel et Beton

Chanson de geste composée dans la deuxième moitié du 12e siècle; texte d'environ 2180 vers, mutilé à la fin

615
Kimmel, Arthur S. *The Old Provençal Epic* Daurel et Beton. University of

North Carolina Studies in the Romance Languages and Literatures 108 (Chapel Hill 1971). Pp. 235
Introduction philologique et littéraire, texte critique sans traduction, notes.

616
Caluwé, Jacques de. '*Daurel et Beton*, chanson de geste provençale,' *Actes du VIe Congrès international de la Société Rencesvals, Aix-en-Provence 1973* (Aix-en-Provence 1974) 439-60
Analyse des personnages du poème (sauf Daurel: voir **617**), qui sont des types, comme dans la chanson de geste française, mais plus 'bourgeois', plus attachés à la protection de leurs droits féodaux qu'à la poursuite d'une cause spirituelle.

617
Kimmel, Arthur S. 'Le jongleur héros épique,' *Actes Rencesvals* (voir **616**) 461-72
Analyse du rôle de Daurel, unique exemple dans la littérature épique d'un jongleur héros de chanson de geste.

Ferabratz

Chanson de geste composée ca. 1230-40; texte d'environ 5000 vers, adaptation du *Fierabras* français, à l'exception des 600 premiers vers ajoutés par l'adapteur

618
Bekker, Immanuel. *Der Roman von* Fierabras *provenzalisch*. Akademie der Wissenschaften zu Berlin 10 (Berlin 1829). Pp. 278
Voir les corrections au texte proposées par K. Hofmann, *Romanische Forschungen* 1 (1883) 117-24; on peut lire un résumé du texte et des extraits dans Raynouard **56**, I, 290-314, des extraits de 122 vers avec traduction française dans Lavaud **48**, II, 420-30; Michael Pountney prépare à Poitiers une nouvelle édition.

Voir aussi Chaytor **603**, 24-39.

Girart de Rossilhon

Chanson de geste de 10002 vers, composé ca. 1150

619
Hackett, Winifred M. Girart de Roussillon, *chanson de geste.* Société des anciens textes français (Paris 1953-5). Pp. 935 en 3 vols.
Les deux premiers volumes donnent le texte critique sans traduction; le troisième ajoute une étude philologique, des notes, et un glossaire.

620
Hackett, Winifred M. 'La technique littéraire de *Girart de Roussillon,*' *Mélanges Delbouille* (voir **35**) II, 259-73
Analyse de la technique de la laisse comme élément structural; les procédés sont complexes et constants, ce qui suggère une unité imposée à l'oeuvre par un seul auteur.

621
Le Gentil, Pierre. '*Girart de Roussillon,* sens et structure du poème,' *Romania* 78 (1957) 328-89 et 463-510
Analyse et commentaire denses et détaillés qui rétablissent le poème en véritable chef-d'oeuvre littéraire.

622
Hackett, Winifred M. *La Langue de* Girart de Roussillon. Publications romanes et françaises 111 (Genève 1970). Pp. 121
H. examine le polymorphisme linguistique du texte et conclut qu'il était caractéristique du poème original; l'auteur, sans doute de la région du Poitou, a employé consciemment une langue artificielle composée de sa propre langue mixte, avec beaucoup d'emprunts à la langue littéraire occitane, et d'autres à la langue d'oïl.

623
Pfister, Max. *Lexicalische Untersuchungen zu* Girart de Roussillon. Beihefte zur Zeitschrift für romanische Philologie 122 (Tubingue 1970). Pp. xiii + 867
A partir d'une étude lexicologique très poussée, P. arrive indépendamment à des conclusions presque identiques à celles de Hackett **622** concernant le polymorphisme du texte ('künstlerische Mischsprache'), sauf qu'il voit les environs de Vienne (Dauphiné) comme lieu d'origine du poète.

Histoire de la Guerre de Navarre

Chronique composée dans le dernier quart du 13e siècle par Guilhem Anelier; texte de 5118 vers, mutilé à la fin

624
Michel, Francisque. *Histoire de la Guerre de Navarre en 1276-1277.* Collection de documents inédits sur l'histoire de la France (Paris 1856). Pp. xxxi + 787
Introduction, texte critique, traduction française, notes philologiques et historiques très détaillées.

Rollan à Saragossa

Chanson de geste héroï-comique de 1410 vers, composée au premier quart du 12e siècle; il manque 2 feuillets au début du texte

625
Roques, Mario. Roland à Saragosse, *poème épique méridional du XIVe siècle.* Classiques français du moyen âge 83 (Paris 1956). Pp. xxviii + 64
Introduction littéraire et linguistique, texte critique sans traduction, glossaire.

626
Riquer, Martín de. 'La fecha del *Ronsasvals* y del *Rollan a Saragossa* según el armamento,' *Boletin de la Real Academia española* 49 (1969) 211-51
Etude détaillée des armements qui prouve, avec plusieurs autres indications et allusions, que les deux poèmes occitans datent du 12e siècle, du moins dans leur forme originale.

627
Keller, Hans-E. '*Roland à Saragosse:* Rencontre de deux cultures.' *Mélanges Lejeune* (voir **39**) 137-58
Etude linguistique très poussée qui révèle, selon K., un texte français plus ancien en-dessous d'un remaniement grenoblois du 14e siècle, copié en 1398 à Apt.

Voir aussi Lejeune **630**; Roques **600**, 137-51 et 164-8.

Ronsasvals

Chanson de geste de 4000 vers, du premier quart du 12e siècle, sans doute par le même auteur que *Rollan à Saragossa;* il manque 2 feuillets au milieu du texte

628
Roques, Mario. '*Ronsasvals,* poème épique provençal,' *Romania* 58 (1932) 1-28 et 161-89; 66 (1941) 433-50
Notice, texte, table des noms propres (articles de 1932); analyse du contenu, étude littéraire (article de 1941).

629
Riquer, Martín de. 'La antigüedad del *Ronsasvals* provenzal,' *La leyenda del graal y temas épicos medievales* (Madrid 1968) 189-99
Article déjà paru en 1956; à la suite de l'analyse de plusieurs allusions au *Ronsasvals* dans d'autres oeuvres occitanes, R. date le poème du 12e siècle.

630
Lejeune, Rita. 'Une allusion méconnue à une *Chanson de Roland*,' *Romania* 75 (1954) 145-64
D'après une allusion à la bataille de Roncevaux dans la *Canso d'Antiocha,* L. postule *Ronsasvals* comme source de la *Canso,* donc à dater avant 1126-1138.

631
Pézard, André. 'La mort de Roland dans *Ronsasvals*,' *Romania* 97 (1976) 145-94
Remarquable analyse de la scène capitale de l'oeuvre, mal comprise jusqu'ici; P. souligne surtout l'intérêt humain et dramatique du sarrasin Falceron qui sauvegarde Roland de la honte d'une mort ignoble.

Voir aussi Riquer **626**; Roques **600**, 151-68.

OEUVRES NARRATIVES

Biographies des Troubadours

Vidas et *razos* en prose concernant la vie et l'oeuvre de 101 troubadours, écrits pour la plupart tardivement (13e et 14e siècles), peut-être en partie par Uc de Saint-Circ; les renseignements fournis doivent être soigneusement contrôlés

632
Boutière, Jean et Alexander H. Schutz. *Biographies des troubadours, textes provençaux des XIIIe et XIVe siècles,* 2e éd. refondue avec la collaboration d'Irénée-M. Cluzel. Les Classiques d'Oc 1 (Paris 1964). Pp. lvii + 642. La première éd., maintenant dépassée, a paru à Toulouse 1950, pp. 451, Bibliothèque méridionale 27
Introduction sur les problèmes de critique du texte, avec une riche bibliographie; édition critique prudente de toutes les *vidas* et *razos*, présentée selon l'origine géographique des poètes; traductions françaises, notes, et glossaire.

633
Favati, Guido. *Le biografie trovadoriche, testi provenzali dei secoli XIII e XIV, edizione critica.* Biblioteca degli Studi mediolatini e volgari 3 (Bologne 1961). Pp. xvi + 524
Etude détaillée de la tradition manuscrite et de la valeur littéraire des *vidas* et des *razos;* édition critique par ordre chronologique des poètes, notes; ni traductions, ni glossaire. Oeuvre partiellement renouvelée par l'auteur dans un cours universitaire imprimé, *Biografie di trovatori, testi provenzali dei secoli XIII e XIV* (Gênes 1970), 182 pp.

634
Panvini, Bruno. *Le biografie provenzali, valore e attendibilità* (Florence 1952). Pp. 167
A la lumière d'une analyse des *vidas* et *razos* de trente troubadours, P. soutient l'exactitude relative des renseignements fournis.

635
Stronski, Stanislaw. *La Poésie et la réalite aux temps des troubadours* (Oxford 1943). Pp. 31
S. prouve que les *vidas* sont un mélange de renseignements historiques exacts, (lorsqu'il s'agit des données sur la vie réelle), et de pures inventions,

(lorsqu'il s'agit des aventures amoureuses); il faut lire les poèmes lyriques pour le plaisir esthétique et non pas comme des documents sociaux.

Blandin de Cornualha

Roman d'aventure anonyme de la première moitié du 14e siècle; 2394 vers

636
Meyer, Paul. 'Le roman de *Blandin de Cornouailles* et de *Guillot Ardit de Miramar,* publié pour la première fois d'après le manuscrit unique de Turin,' *Romania* 2 (1873) 170-202
Brève introduction, texte critique sans traduction, glossaire. On peut lire des extraits de quelques centaines de vers dans Lavaud **48**, II, 450-72.

637
Horst, Cornelis Hans. *Blandin de Cornouaille.* Publications de l'Institut d'études françaises et occitanes de l'Université d'Utrecht 4 (La Haye et Paris 1974). Pp. 242
Texte diplomatique; étude linguistique détaillée.

638
Pacheco, Arseni. 'El *Blandin de Cornualha,*' *Catalan Studies in Memory of Josephine de Boer,* éd. Josep Gulsoy et Josep M. Sola-Sole (sous presse)
P. souligne l'unité et l'originalité de l'oeuvre, en analysant le symbolisme des aventures et le mélange extraordinaire des traditions courtoises et populaires.

Flamenca

Plus exactement *Novas de Guillem de Nivers;* texte légèrement mutilé, surtout au commencement et à la fin; 8085 vers; composé ca. 1250

639
Hubert, Merton J. et Marion Eugene Porter. *'The Romance of Flamenca' a Provençal Poem of the Thirteenth Century, English Verse Translation by M.J.H., Revised Provençal Text by M.E.P.* (Princeton 1962). Pp. 456
Introduction utile sur les sources et l'historicité de l'oeuvre; texte critique avec traduction anglaise versifiée. Remplace l'édition de Paul Meyer, *Le*

Roman de Flamenca (Paris 1865; 2e éd. 1901).
640
Lavaud, René et René Nelli. *Les Troubadours:* Jaufre, Flamenca, Barlaam et Josaphat (Bruges 1960) 621-1063
Le texte de *Flamenca* est essentiellement celui de Paul Meyer de 1901; traduction française en face du texte occitan.
641
Gschwind, Ulrich. *Le* Roman de Flamenca, *nouvelle occitane du XIIIe siècle*, 2 vols. Romanica helvetica 86A et 86B (Berne 1976). Pp. 229 et 362
Texte diplomatique avec des notes critiques nombreuses concernant les passages disputés du manuscrit unique et endommagé; glossaire, index, et bibliographie très détaillée.
642
Limentani, Alberto. *Las* Novas de Guillem de Nivers (Flamenca): *Introduzione, scelta, e glossario.* Vulgares eloquentes 1 (Padoue 1965). Pp. xliii + 123
Extraits de ca. 3400 vers, basés sur le texte de Paul Meyer de 1901 mais qui tiennent compte des corrections proposées par plusieurs critiques; introduction utile.
643
Limentani, Alberto. 'L'elaborazione delle fonti nelle *Novas de Guillem de Nivers (Flamenca)*,' *Actele celui de-al XII-Lea Congres international de Lingvistica si Filologie Romanica, Bucharest 1968*, éd. Alexandru Rosetti (Bucharest 1971) 757-63
Etude des sources françaises du roman (il s'agit surtout de Chrétien de Troyes); les sources latines ont été étudiées par Debenedetti; L. a étudié les sources occitanes dans un mémoire présenté au congrès de Montélimar en 1975 (voir 32), qui paraîtra bientôt dans les pages de *Cultura neolatina*.
644
Lejeune, Rita. 'Flamenca, fille fictive d'un comte de Namur,' *Hommage au professeur Maurice Delbouille. March romane*, numéro spécial (Liège 1973) 17-33
Enquête historique et géographique qui attache les aventures et les personnages du roman aux événements réels des 12e et 13e siècles et qui explique les sens multiples du nom de l'héroïne.
645
Cocito, Luciana. *Le* Roman de Flamenca *o Las* Novas de Guillaume de Nevers (Genève 1971). Pp. 99

Etude philologique sur la langue, l'auteur, la date, les sources, et les influences de l'oeuvre.

646
Camproux, Charles. 'Préface à *Flamenca?*' *Travaux de linguistique et de littérature (Strasbourg)* 11, I (1973) 649-62
Analyse des vers 228-50, qui ne sont pas, selon C., une simple digression parmi beaucoup d'autres, mais donne une sorte de 'préface explicative' à tout le roman: le roman serait une satire de la réalité présente, contrastée avec le passé idéal.

647
Lejeune, Rita. 'Le calendrier du *Roman de Flamenca:* Contribution à l'étude des mentalités médiévales occitanes,' *Mélanges Rostaing* (voir **40**) 585-617
Analyse ingénieuse des raisons qui auraient porté le poète à placer l'action du roman en 1139, en 1223, ou en 1234; il aurait choisi une année où la date de Pâques fut très tardive pour que l'illumination de l'amour et le don d'intelligence puissent coïncider avec les deux messes consécutives de Pentecôte par des comparaisons audacieuses.

648
Sankovitch, Tilde. 'The *Romance of Flamenca:* The Puppeteer and the Play,' *Neophilologus* 60 (1976) 8-19
Analyse des interventions fréquentes du poète; interprétation du roman comme un spectacle splendide, un divertissement élégant qui représente la vie aristocratique sous son aspect ludique, formalisé.

649
Butturff, Douglas R. 'The *Romance of Flamenca:* Spoilsport vs. Comic Hero,' *Kentucky Romance Quarterly* 19 (1972) 51-64
Selon B., le roman n'est pas une satire, mais une comédie de type classique; Archambaud joue le rôle traditionnel du mari absurde qui empêche le fonctionnement de la société, Guilhem celui du héros comique qui doit remettre l'ordre; le ton essentiel est celui de l'exubérance.

650
Schwarze, Christoph. '*Pres, Amor, Gelosia:* Zur Struktur des altprovenzalischen *Flamenca-Romans*,' *Zeitschrift für romanische Philologie* 83 (1967) 280-305
Le roman existe, selon S., pour nous offrir le drame de la société courtoise bouleversée par les effets de la jalousie, restaurée par l'intervention de l'amour; les personnages eux-mêmes sont moins importants que les forces

sociales en jeu; la valeur collective de *pres* est supérieure aux valeurs individuelles de l'*amor* ou de la *gelosia*.
651
Chambers, Frank M. '*Flamenca*,' *Romance Philology* 20 (1966-7) 489-500
Selon C., il ne s'agit pas dans le roman d'un amour tragique, irrésistible comme celui de Tristan et d'Iseut, mais d'une variété de l'amour 'courtois'; à la différence des troubadours, qui se prennent généralement au sérieux, l'auteur inconnu a voulu montrer le côté humoristique de la vie.
652
Nolting-Hauff, Ilse. *Die Stellung der Liebeskasuistik im höfischen Roman.* Heidelberger Forschungen 6 (Heidelberg 1959). Pp. 184
Considération des rapports de l'aventure et de la casuistique amoureuse dans le roman arthurien français et occitan. La deuxième partie est consacrée à l'étude de la structure thématique de *Flamenca:* le problème social est au centre de l'intérêt; le grand nombre des monologues fait penser aux comédies de moeurs du 16e et 17e siècle.
653
Favati, Guido. 'Studio su *Flamenca*,' *Studi mediolatini e volgari* 8 (1960) 69-136
Etude philologique et littéraire qui fixe la date de composition entre 1288 et 1300, le contexte historique du poème entre 1137 et 1140 (cf. **647**); le poète excelle dans la création de personnages très humains quoique idéalisés; F. admire son sens de l'humour et la versatilité de son langage.
654
Topsfield, Leslie T. 'Intention and Ideas in *Flamenca*,' *Medium aevum* 36 (1967) 119-33
T. nie l'intention didactique ou moralisante; il y voit une '*summa*' des traditions et attitudes complexes et contradictoires de la société courtoise, établie sur un ton de joyeuse moquerie indulgente, par un poète extrêmement érudit et spirituel.
655
Nelli, René. *Le* Roman de Flamenca: *Un art d'aimer occitanien du XIIIe siècle* (Toulouse 1966). Pp. 199
Selon N., *Flamenca* représente l'épanouissement total de l'idéologie amoureuse occitane, où tous les problèmes et paradoxes sont confrontés (et résolus) sur un fondement psychologique remarquablement moderne.
656
Brody, Saul N. 'The Comic Rejection of Courtly Love,' *In Pursuit of*

Perfection: Courtly Love in Medieval Literature, éd. Joan M. Ferrante et
George D. Economou (Port Washington, New York, et Londres 1975) 221-61
Voir pp. 241-6 où B. place *Flamenca* dans le contexte d'une tradition
'pseudo-courtoise' dans les littératures médiévales de l'Europe.

657
Shedd, Gordon M. '*Flamenca:* A Medieval Satire on Courtly Love,' *Chaucer Review* 2 (1967) 43-65
S. soutient que *Flamenca* est conçue comme une caricature, une satire
cruelle dirigée contre les théories et les pratiques de l'amour courtois hypocrite; S. insiste sur les parallèles évidents avec le genre du fabliau.

658
Damon, Philipp. 'Courtesy and Comedy in *Le Roman de Flamenca,*'
Romance Philology 17 (1963-4) 608-15
D. reconnaît l'importance de l'élément ironique très raffiné, mais ne
croit pas que l'oeuvre soit essentiellement satirique; l'ironie porte sur les
conventions formelles et non pas sur le contenu émotionnel: l'amour reste
valeur positive.

659
Weigand, Herman. '*Flamenca:* A Post-Arthurian Romance of Courtly Love,'
Euphorion 58 (1964) 129-52
Long résumé du roman; W. y voit une exploitation humoristique de l'idéal
courtois par les amoureux, exploitation qui dépend du maintien de l'idéal
social; W. indique quelques problèmes géographiques et historiques du
texte (résolus par Lejeune 647).

660
Limentani, Alberto. 'Due studi di narrativa provenzale (*Flamenca* e *Jaufre*),'
Atti dell'Istituto Veneto di Scienze, Lettere ed Arti 121 (1962-3) 51-112
L'étude de *Flamenca* révèle la richesse de la culture littéraire du poète; celle
de *Jaufre* suggère la possibilité d'une parodie du *Perceval.*

661
Nolting-Hauff, Ilse. 'Les monologues et les dialogues de *Flamenca* et la
chanson courtoise,' *Actes IV* (voir **32**) 125-35
N. attire l'attention sur des parallèles thématiques et formels entre la poésie
lyrique des troubadours et les monologues de *Flamenca.*

Guilhem de la Barra

Roman de 5344 vers, composé en 1318 par Arnaut Vidal de Castelnaudary

662
Meyer, Paul. Guillaume de la Barre, *roman d'aventures par Arnaut Vidal de Castelnaudari, publié pour la première fois d'après le manuscrit unique* (Paris 1895). Pp. lxxix + 198
Introduction philologique et littéraire, texte critique sans traduction, glossaire.

663
Thomas, Antoine. 'Arnaud Vidal, premier lauréat des Jeux Floraux,' *Annales du Midi* 32 (1920) 305-36
La vie d'Arnaut, avec un petit commentaire de son poème sur la Vierge et un résumé de *Guilhem de la Barra*, suivi de notes critiques sur le texte. L'article est réimprimé dans l'*Histoire littéraire de la France* 35 (1921) 513-26 sans les notes critiques.

Jaufre

Roman d'aventure anonyme de 10,956 vers, composé vers la fin du 12e siècle

664
Brunel, Clovis F. Jaufre: *Roman arthurien du XIIIe siècle en vers provençaux*. Société des anciens textes français, 2 vols. (Paris 1943). Pp. lxxi + 214 et 257
Texte critique sans traduction; pour un résumé des vingt épisodes principaux, voir par le même auteur *Jaufre, comte de la Table-Ronde* (Neuchâtel 1949), 193 pp.

665
Lavaud, René et René Nelli. *Les Troubadours:* Jaufre, Flamenca, Barlaam et Josaphat (Bruges 1960) 17-618
Texte de *Jaufre* par Brunel avec quelques corrections; traduction française en face du texte occitan.

666
Jauss, Hans R. 'Die Defigurierung des Wunderbaren und der Sinn der Aventüre im *Jaufre*,' *Romanistisches Jahrbuch* 6 (1953-4) 60-75; résumé en français du même article, *Actes I* (voir **32**) 34-9

Le traitement parodique de l'élément merveilleux indique la volonté du poète d'insister non pas sur l'aventure arthurienne profane, mais sur une quête spirituelle.

667
Lejeune, Rita. 'A propos de la datation de *Jaufre:* Le roman de *Jaufre,* source de Chrétien de Troyes?' *Revue belge de philologie et d'histoire* 21 (1953) 717-47
L. date le roman de ca. 1180; il y a eu influence réciproque entre Chrétien de Troyes et l'auteur inconnu de *Jaufre.*

668
Riquer, Martín de. 'Los problemas del roman provenzal de *Jaufré,*' *Recueil de travaux offert à M. Clovis Brunel,* 2 vols. (Paris 1955) II, 435-61
Discussion de plusieurs problèmes posés par le roman; R. propose 1169-70 comme date de commencement de l'oeuvre, et soutient qu'une première version a été renouvelée par un deuxième auteur.

669
Pinkernell, Gert. 'Zur Datierung des provenzalischen *Jaufré*-Romans,' *Zeitschrift für romanische Philologie* 88 (1972) 105-10
D'après la structure temporelle de l'action du roman, P. prouve que l'oeuvre a été commencée aux environs de 1177.

670
Remy, Paul. 'Le sentiment amoureux dans *Jaufre,*' *Actes I* (voir **32**) 28-33
R. indique l'influence évidente de Chrétien de Troyes sur l'auteur de *Jaufre.*

671
Remy, Paul. '*Jaufre,*' *Arthurian Literature in the Middle Ages,* éd. Roger S. Loomis (Oxford 1959) 400-05
Résumé concis de tous les problèmes historiques et littéraires soulevés par le roman; importante bibliographie.

672
Pinkernell, Gert. 'Realismus (v. 1-6234) und Märchenhaftigkeit (v. 6235-10,956) in der Zeitstruktur des provenzalischen *Jaufré*-Romans: Ein Beitrag zur Stützung der Zwei-Verfasser-Theorie,' *Germanisch-romanische Monatsschrift* 53 (1972) 357-76
P. note deux conceptions du temps dans le roman, l'une basée sur la chronologie exacte, 'réaliste', l'autre approximative, 'féerique'; ceci, avec un changement de copiste au vers 6235 d'un des manuscrits, fait conclure à un changement d'auteur.

Voir aussi Limentani **660**.

Linhaura

Roman perdu; il n'en reste qu'un résumé de 16 vers, inséré dans l'*Ensenhamen de l'Escudier* (voir **712**), vers 217-33. Le *Lai d'Ignaure* français, plutôt fabliau que roman, est plus récent

673
Lejeune, Rita. 'Le personnage d'Ignaure dans la poésie des troubadours,' *Bulletin de l'Académie royale de langue et littérature françaises de Belgique* 18 (1939) 140-72
Mise au point des connaissances et conjectures sur le personnage et sur l'oeuvre; donne le texte du résumé.

674
Mouzat, Jean-D. 'Remarques sur *Linhaure* et sa localisation,' *Mélanges Lejeune* (voir **39**) 213-18
M. fait la distinction entre Linhaure occitan et Ignaure français; suggère l'Aquitaine comme patrie du héros occitan.

Voir aussi Delbouille **534** (*Linhaura* comme *senhal* désignant Raimbaut d'Aurenga).

Castia-Gilos

Sorte de fabliau de 450 vers, composé à la fin du 12e ou au début du 13e siècle par Raimon Vidal de Besalù; autres oeuvres du même poète: **677**, **691**, et **718**

675
Cluzel, Irénée-Marcel. *L'Ecole des jaloux (*Castia-gilos*): Fabliau du XIIIe siècle par le troubadour catalan Raimon Vidal de Besalù.*Collection des 'Amis de la langue d'oc' (Paris 1958). Pp. 45
Texte critique soigné avec traduction française. Le texte est édité aussi par Appel **41**, 27-32 et par Lavaud **48**, II, 186-210.

676
Cluzel, Irénée-Marcel. 'Le fabliau dans la littérature provençale du moyen âge,' *Annales du Midi* 66 (1954) 317-26
C. soutient que le *Castia-gilos* est une adaptation aristocratique du fabliau français *La Borgoise d'Orliens,* ce qui laisse le texte des *Novas del Papagai*

(voir **678**) comme le seul fabliau original occitan.

Judici d'Amor

Titre arbitraire; l'oeuvre est désignée aussi par son premier vers *So fo el temps c'om era jais*. *Novas* de 1698 vers qui traite d'un problème de casuistique amoureuse, composée à la fin du 12e ou au début du 13e siècle par Raimon Vidal de Besalù

677
Cornicelius, Max. So fo el temps c'om era iays: *Novelle von Raimon Vidal nach vier bisher gefundenen Handschriften zum ersten Mal herausgegeben* (Berlin 1888). Pp. 102
Courte introduction, texte critique, glossaire. On peut lire des extraits de 119 vers avec traduction espagnole dans Mila y Fontanals **709**, 290-93, et de 253 vers avec traduction française dans Lavaud **48**, II, 170-84.

Voir aussi Limentani **719**.

Novas del Papagai

Novas de 309 vers; composé au début du 13e siècle par Arnaut de Carcassès

678
Savj-Lopez, Paolo. 'La novella provenzale del Pappagallo (Arnaut de Carcassès),' *Atti dell'Accademia di archeologia, lettere e belle arti* 21 (1901) 1-82
Introduction philologique, texte critique sans traduction, notes. On peut lire le texte aussi dans Lavaud **48**, II, 214-35, avec traduction française.
679
Coulet, Jules. 'Sur la nouvelle provençale du Papagai,' *Revue des langues romanes* 45 (1902) 288-330
C. soutient de manière convaincante que Savj-Lopez a mal choisi le manuscrit de base à son édition, et qu'Arnaut de Carcassès n'est qu'un remanieur médiocre de la nouvelle.

680
Limentani, Alberto. 'Cifra cortese e contenimento del narrativo nelle *Novas del papegai*,' *Mélanges Rostaing* (voir **40**) 619-36
Etude de l'histoire manuscrite du texte; considération de la structure à la fois lyrique et narrative de la nouvelle.

Voir aussi Cluzel **676**.

LITTERATURE DRAMATIQUE

Etudes générales

681
Jeanroy, Alfred. 'Le théâtre méridional des origines à la fin du XIVe siècle,' *Histoire littéraire de la France* 38 (1949) 431-61
Aperçu général des traditions dramatiques, avec une analyse particulière de l'*Esposalizi de Nostra Dona*, du *Jeu de Sainte Agnès*, et de la *Passion* du manuscrit Didot.

682
Lewicka, Halina. 'Le mélange des langues dans l'ancien théâtre du Midi de la France,' *Mélanges Boutière* (voir **34**) 347-59
Aperçu utile sur les oeuvres dramatiques occitanes du 14e au 16e siècle; considération de l'emploi du patois comme moyen comique et surtout comme expression de la vitalité de la langue locale en face de l'expansion du français.

Jeu de Sainte Agnès

Pièce de 1182 vers, composée vers le milieu du 14e siècle, mutilée au commencement; contient 18 intermèdes lyriques avec notation mélodique

683
Jeanroy, Alfred. *Le* Jeu de Sainte Agnès, *drame provençal du XIVe siècle, avec la transcription des mélodies par Théodore Gérold*. Classiques français du moyen âge 68 (Paris 1931). Pp. xxiv + 83

Introduction philologique, texte critique sans traduction, notes, analyse et transcription des mélodies, glossaire.

684
Hoepffner, Ernest. 'Les intermèdes musicaux dans le jeu provençal de Sainte Agnès,' *Mélanges d'histoire du théâtre du Moyen Age et de la Renaissance offerts à Gustave Cohen* (Paris 1950) 97-104
Etude de la versification du texte des intermèdes lyriques, en complément à l'étude musicale de Gérold **683**, 58-77.

685
Piemme, Jean-Marie. 'L'espace scénique dans le jeu provençal de Sainte Agnès,' *Mélanges Lejeune* (voir **39**) 235-45
P. analyse la mise en scène de la pièce d'après les 150 indications scéniques latines, pour relever l'importance de l'espace neutre de la scène qui donne de l'unité aux scènes multiples.

Voir aussi Jeanroy **681**, 442-52.

Lo Jutgamen General

Pièce du 15e siècle qui fait partie d'un ensemble cyclique qu'on a nommé les *Mystères rouergats*

686
Lazar, Moshé. Le Jugement dernier (Lo jutgamen general): *Drame provençal du XVe siècle* (Paris 1971). Pp. 263
Introduction, texte critique avec traduction française, glossaire.

La Passion Provençale

Mystère anonyme du 14e siècle; le texte préservé est occitan, mais l'original était peut-être catalan

687
Shepard, William P. *La Passion provençale du manuscrit Didot: Mystère du XIVe siècle.* Société des anciens textes français (Paris 1928). Pp. xliii + 151
Introduction philologique, texte critique, notes, glossaire; sans traduction.

Voir aussi Jeanroy **681**.

Sponsus

Drame liturgique anonyme de la fin du 11e siècle; appelé également le *Drame de l'époux* ou le *Mystère des vierges sages et des vierges folles;* texte bilingue de 87 vers (47 en latin, 40 en occitan) avec notation mélodique

688
Avalle, D'Arco S. et Raffaello Monterosso. Sponsus, *dramma delle vergini prudenti e delle vergini stolte.* Documenti di filologia 9 (Milan et Naples 1965). Pp. xi + 134
Etude historique et linguistique, texte critique soigné avec traduction italienne, notes. Etude et transcription de la musique par Monterosso, avec reproduction phototypique du manuscrit.

689
Thomas, Lucien-P. Le Sponsus *(mystère des vierges sages et des vierges folles), suivi des trois poèmes limousins et farcis du même manuscrit; texte, musique, notes, et glossaire* (Paris 1951). Pp. 251
Texte critique avec traduction française; transcription de la musique; étude philologique, linguistique, et dramatique qui doit être parfois corrigée par référence à Avalle **688**; excellent résumé des études antérieures à 1951.

Esposalizi de Nostra Dona

Mystère de 792 vers de la fin du 13e ou du début du 14e siècle qui dramatise le mariage de la Vierge et de Joseph, la visite de la Vierge à Elisabeth, la Nativité, l'Adoration

690
Kravtchenko-Dobelmann, Suzanne. 'L'*Esposalizi de Nostra Dona,* drame provençal du XIIIe siècle,' *Romania* 68 (1944-5) 273-315
Introduction philologique, texte critique sans traduction.

Voir aussi Jeanroy **681**.

TRAITES DE GRAMMAIRE ET DE RHETORIQUE

Las Razos de Trobar

Composé en prose au début du 13e siècle par Raimon Vidal de Besalù; la grammaire est traitée brièvement et avec dogmatisme; citations des troubadours de la période classique. Une continuation anonyme, la *Doctrina de compondre dictats*, traite de seize genres poétiques. La *Doctrina d'acort* est une adaptation versifiée ca. 1270-80 par Terramagnino da Pisa. Une autre adaptation, *Regles de trobar* par Jofre de Foixà, ca. 1290, est intéressante par l'effort de l'auteur de se libérer de la grammaire latine

691
Marshall, John H. *The* Razos de trobar *of Raimon Vidal and Associated Texts* (Londres 1972). Pp. cii + 183
Longue introduction philologique et littéraire; texte critique sans traduction des *Razos*, des deux *Doctrina*, et des *Regles de trobar;* notes. Cf. compte-rendu par G. Tavani, *Mélanges Rostaing* (voir **40**) 1059-74.

692
Laugesen, Anker T. '*Las razos de trobar*,' *Etudes romanes dédiées à Andreas Blinkenberg.* Supplément à Orbis litterarum 3 (Copenhague 1963) 84-96
Analyse de l'ouvrage de Raimon dans le contexte des traités grammaticaux de l'époque; Raimon reste lié aux catégories de la grammaire latine. D'ailleurs, le poète avait l'idée d'écrire non pas une grammaire, mais un art poétique.

693
Ruffinatto, Aldo. *Terramagnino da Pisa,* Doctrina d'Acort: *Edizione critica, introduzione e note.* Officina romanica 10 (Rome 1968). Pp. 208
Texte critique sans traduction, notes, étude linguistique; introduction approfondie concernant l'histoire littéraire du texte.

694
Li Gotti, Ettore. *Jofre de Foixà,* Vers *e* Regles de trobar. Istituto di filologia romanza dell'Università di Roma, Collezione di testi e manuali, 37 (Modène 1952). Pp. 113
Texte critique dépassé par l'édition de Marshall **691**; introduction, étude des manuscrits.

Donatz Proensals

Composé ca. 1240 par Uc Faidit; accompagné d'une traduction latine; plus complet et plus méthodique que les *Razos de trobar* mais d'un style plus sec et mécanique; au lieu de citer des troubadours, le poète fabrique ses propres exemples; dictionnaire de rimes

695
Marshall, John H. *The* Donatz Proensals *of Uc Faidit* (Londres et New York 1969). Pp. 419
Longue introduction philologique; textes latin et occitan en regard, sans traduction; notes, glossaire.

Las Leys d'Amors

Oeuvre en plusieurs versions rédigée par Guilhem Molinier pour la Consistori de la Subragaya Companhia del Gai Saber de Toulouse. Une première rédaction de 1330-32 a disparu – on en a un résumé dans le *Compendi* inédit de Joan de Castelnou; il existe actuellement trois versions; A: prose en cinq livres, de 1340 (deux manuscrits); B: transposition en vers de la version A, en six livres; C: remaniement en prose en trois livres de 1355

696
Gatien-Arnoult, Adolphe-F. *Las Flors del Gay Saber, estiers dichas* Las Leys d'Amors. Monumens de la littérature romane 1-3 (Toulouse 1841-3). Pp. 365, 431, et 409
Texte de la version A avec traduction française; l'édition ne répond plus aux besoins de la critique, étant basée sur un seul des deux manuscrits.

697
Anglade, Joseph. *Las Flors del Gay Saber.* Memòries, Institut d'Estudis Catalans, Secció filològica, 1, fasc. 2 (Barcelone 1926). Pp. 91
Brève introduction, texte peu soigné de la version B; sans traduction.

698
Anglade, Joseph. Las Leys d'Amors, *manuscrit de l'Académie des Jeux Floraux.* Bibliothèque méridionale 17-20 (Toulouse 1919-20). Pp. 203, 186, 184, et 186
Version C, remaniement de 1355, trois livres en prose; le texte est présenté

dans les trois premiers volumes, le quatrième contient le commentaire et l'étude de l'oeuvre par Anglade.

699
Salvat, Joseph. '*Lo Desconortz de las donas*, fragment inédit d'un poème occitan du XIVe siècle,' *Mélanges Boutière* (voir **34**) 507-16
Mise au point de l'histoire du texte des *Leys*. Edition d'un poème inséré dans les manuscrits de Barcelone, mais altéré ou remplacé dans les manuscrits de Toulouse. Une analyse historique montre que la fondation de l'Université de Cahors explique l'état confus des manuscrits.

700
Anglade, Joseph. 'La doctrine grammaticale et poétique du *gai savoir*,' *Todd Memorial Volumes: Philological Studies*, éd. John Fitz-Gerald et Pauline Taylor (New York 1930) I, 47-58
Remarques sur le traitement de la phonétique, de la graphie, de la rime, et des structures strophiques dans les *Leys*.

701
Jeanroy, Alfred. 'Les *Leys d'Amors* (Guilhem Molinier, principal rédacteur des *Leys d'Amors*),' *Histoire littéraire de la France* 38 (1949) 139-233
Biographie de Guilhem Molinier; histoire détaillée du texte des *Leys* à travers les trois rédactions; analyse du contenu.

702
Lafont, Robert. 'Les *Leys d'Amors* et la mutation de la conscience occitane,' *Revue des langues romanes* 77 (1966-7) 13-59
Etude des attitudes présentes à la création du Consistoire: lutte pour la langue occitane contre l'influence du français, mais basée sur une conscience d'unité linguistique centrée sur Toulouse et qui excluait le provençal et le gascon. L'effort a divisé le Midi au lieu de l'unifier.

703
Marshall, John H. 'Observations on the Sources of the Treatment of Rhetoric in the *Leys d'Amors*,' *Modern Language Review* 64 (1969) 39-52
Etude du quatrième livre de la Version A qui traite de la rhétorique traditionnelle. Le traitement allégorique de la rhétorique est sans doute l'invention de Guilhem; identification de beaucoup des sources, envers lesquelles le poète montre une certaine indépendance.

LITTERATURE DIDACTIQUE

Poèmes allégoriques

704
Jung, Marc R. 'Les poèmes allégoriques occitans,' *Etudes sur le poème allégorique en France au moyen âge*. Romanica helvetica 82 (Berne 1971) 122-69
Présentation du *Boeci*, d'une *faula* de Peire Cardenal, d'une *tenso* de Guilhem de Saint-Leidier, de deux morceaux de Guiraut de Calanso, du *Chastel d'Amors*, de la *Cour d'Amour*, et de la nouvelle allégorique de Peire Guilhem.

Boeci

Paraphrase en forme épique du *De consolatione philosophiae* de Boèce, composée ca. 1000-30 (date controversée); il en reste un fragment de 258 vers en 33 laisses; le plus ancien texte occitan

705
Schwarze, Christoph. *Der altprovenzalische Boeci*. Forschungen zur romanischen Philologie 12 (Münster 1963). Pp. 191
Texte critique avec traduction allemande; commentaire détaillé sur les sources, le lexique, le style.

706
Ruggieri, Ruggero M. 'Una nuova interpretazione del *Boeci* (vv. 237-242),' *Estudis romànics* 9 (1961) 157-69
Interprétation ingénieuse de *açopart* comme nom propre désignant le diable, ce qui permet, avec d'autres interprétations convaincantes, de rattacher le *Boeci* plus étroitement à la tradition des chansons de geste, et de le dater de la fin du 11e siècle.

707
Segre, Cesare. 'Il *Boeci*, i poemetti agiografici e le origini della forma epica,' *Atti della Accademia delle scienze di Torino, Classe de scienze morali, storiche, e filologiche*, 89 (1954-5) 242-92
Etude du style narratif du *Boeci* en tant qu'intermédiaire entre la littérature hagiographique et les nouvelles formes épiques dans l'évolution littéraire des IXe-XIe siècles.

Razos es e Mezura

Un *ensenhamen* de 347 vers composé par Arnaut de Maruelh ca. 1162-96 qui traite des valeurs fondamentales de la société courtoise

708
Eusebi, Mario. 'L'*ensenhamen* di Arnaut de Mareuil,' *Romania* 90 (1969) 14-30
Texte critique avec traduction italienne, notes.

Ensenhamen de la Donzela

Oeuvre de 686 vers, composée vers la fin du 13e siècle par Amanieu de Sescars; connue aussi par son incipit, *En aquel mes de mai*

709
Mila y Fontanals, Manuel. *Obras completas,* II: *De los trovadores en España* (Barcelone 1889; 2e éd. 1966) 388-97
Texte critique, précédé par une brève introduction sur le poète et une traduction espagnole; le texte se lit sans traduction dans Bartsch **714**, 140-48. I. Cluzel prépare une nouvelle édition de l'oeuvre d'Amanieu.

710
Parducci, Amos. *Costumi ornati: Studi sugli insegnamenti di cortigiania medievali* (Bologna 1927). Pp. xi + 308 + 12 planches
Etude d'ensemble des *ensenhamens* 'de courtoisie' dans le contexte social, historique, et littéraire de toute l'Europe médiévale. Donne la version italienne avec notes critiques de cinq *ensenhamens* occitans (voir **709, 712, 713, 714, et 715**).

711
Cluzel, Irénée-Marcel. 'Amanieu de Sescars, troubadour catalan?' *Revista de filologia española* 42 (1958-9) 270-78
C. conclut qu'Amanieu est probablement catalan, bien qu'il puisse être d'Aquitaine.

Voir aussi Riquer **50**, 1653-61.

Ensenhamen de l'Escudier

Oeuvre de 472 vers, composée avant 1291 par Amanieu de Sescars; connue aussi par son incipit, *El temps de nadalor*

712
Mila y Fontanals (voir **709**) II, 379-85
Texte critique, précédé par une brève introduction sur le poète et une traduction espagnole; on trouve le texte aussi dans Karl Bartsch, *Denkmäler der provenzalischen Literatur* (Stuttgart 1856) 101-14.

Voir aussi Parducci **710**.

Ensenhamen del Guarso

Oeuvre de 382 vers, composée en 1326 par Peire de Lunel, appelé Cavalier Lunel de Montech; connue aussi par son incipit, *L'autrier mentre ques jeu m'estava*

713
Forestié, Edouard. 'Peire de Lunel dit Cavalier Lunel de Montech, troubadour du XIVe siècle,' *Recueil de l'Académie des sciences, belles-lettres, et arts du Tarn-et-Garonne*, 2e série, 7 (1891) 1-71
Etude historique du poète, édition de ses oeuvres, avec traduction française. Le texte se lit sans traduction dans Bartsch (voir **714**), 114-24; extrait de 278 vers dans Lavaud **48**, II, 734-50.

Voir aussi Parducci **710**.

Ensenhamen au Cavayer

Oeuvre de 629 vers, composée vers 1170 par Arnaut Guilhem de Marsan; connue aussi par son incipit, *Qui comte vol apendre*

714
Bartsch, Karl. *Provenzalisches Lesebuch* (Elberfeld 1855) 132-9

Texte occitan sans traduction ni notes; glossaire utile.

Voir aussi Parducci **710**.

Ensenhamen à la Domna

Texte de 651 vers, composé dans la première moitié du 12e siècle par Garin le Brun; connu aussi par son incipit, *El termini d'estiu*

715
Appel, Carl. 'L'enseignement de Garin le Brun,' *Revue des langues romanes* 33 (1889) 404-32
Texte critique sans traduction, quelques notes; on y trouve également la *tenso* fictive du même poète.

Voir aussi Parducci **710**.

Ensenhamen d'Onor

Oeuvre de 1327 vers, composée avant 1257 par Sordel; donne des règles de haute morale, concernant surtout la primauté de l'honneur; pour les poèmes lyriques de Sordel, voir **559-61**

716
Boni, Marco (voir **559**) 198-273
Edition critique soignée, avec traduction italienne; commentaire historique et littéraire du texte, pp. clxvii-clxxii.

Quan Tu a la Taula Seras

Oeuvre anonyme du 14e siècle; 118 vers, donnant des contenances de table, adaptation d'un texte latin

717
Chichmarev, Vladimir. 'Contenances de table en vers provençaux,' *Revue*

des langues romanes 48 (1905) 289-95
Texte critique sans traduction et sans glossaire; notes.

Abrils Issi'

Sorte d'*ensenhamen joglaresc* suivi d'une plainte sur la décadence de la poésie; texte de ca. 1770 vers composé par Raimon Vidal de Besalù à la fin du 12e ou au début du 13e siècle; pour d'autres oeuvres du même poète voir **675, 677,** et **691**

718
Field, William H. *Raimon Vidal, Poetry and Prose*, II: *Abril issia*. University of North Carolina Studies in the Romance Languages and Literatures 110 (Chapel Hill 1971). Pp. 196
Texte critique avec traduction anglaise, notes. Le premier volume n'a pas paru.
719
Limentani, Alberto. 'L'*io*, la memoria e il giullare nelle *novas* di Raimon Vidal,' *Mélanges Lejeune* (voir **39**) 197-212
Etude sur les questions de perspective, de structure, et de thèmes, qui souligne l'interêt didactique des oeuvres du poète catalan.

Cabra Juglar, Fadet Joglar, et *Gordo*

Trois *sirventès-ensenhamens* adressés aux jongleurs Cabra, Fadet, et Gordo par Guiraut de Cabreira (milieu du 12e siècle), Guiraut de Calanso (début du 13e siècle), et Bertran de Paris de Rouergue (dernier quart du 13e siècle). Ce sont des *sirventès* par la forme et le ton, des *ensenhamens* par le contenu

720
Pirot, François. *Recherches sur les connaissances littéraires des troubadours occitans et catalans des XIIe et XIIIe siècles: Les sirventes-ensenhamens de Guerau de Cabrera, Guiraut de Calanson, et Bertrand de Paris*. Memorias de la Real Academia de Buenas Letras de Barcelona 14 (Barcelone 1972). Pp. 655
Texte critique des trois poèmes avec traduction française; analyse extrêmement détaillée de chacun du point de vue historique, codicologique, philologique, et bibliographique.

721
Lejeune, Rita. 'La forme de l'*ensenhamen* au jongleur du troubadour Guiraut de Cabrera,' *Estudis romànics* 9 (1961) 171-81
L. suggère la division du poème en sixains, en indiquant l'augmentation de force expressive qui en résulterait.

722
Keller, Wilhelm. 'Das Sirventes *Fadet joglar* des Guiraut von Calanso; Versuch eines kritischen Textes,' *Romanische Forschungen* 22 (1905) 99-238
K. donne les deux versions manuscrites suivies du texte critique avec introduction utile, notes, et glossaire.

723
Chambers, Frank M. 'The *Ensenhamen-Sirventes* of Bertran de Paris,' *Mélanges Frank* (voir **36**) 129-40
Edition critique, avec des notes détaillées sur l'identification des noms propres; dates postulées de 1197-1224. Voir aussi l'article complémentaire du même dans *Estudios dedicados a Menéndez Pidal* (Madrid 1957) VII, 1, 217-23, où il explique la forme curieuse du poème en l'appelant un badinage, une parodie de plusieurs poèmes à la fois.

Thezaur

Encyclopédie composée ca. 1250 par Peire de Corbian; il y en a deux rédactions, de 520 et de 825 vers respectivement

724
Bertoni, Giulio et Alfred Jeanroy. 'Le *Thezaur* de Peire de Corbian,' *Annales du Midi* 23 (1911) 289-308 et 451-71
Texte des deux rédactions, notes critiques.

725
Hamilton, George L. 'Sur la date et quelques sources du *Thezaur* de Peire de Corbian,' *Romania* 41 (1912) 269-81
H. identifie comme source principale Jean de Sacrobosco, et date l'oeuvre du milieu du 13e siècle.

726
Lefèvre, Yves. 'Deux poètes médoquins du XIIIe siècle (Aimeric de Belenoi et Peire de Corbian),' *Revue historique de Bordeaux* 13 (1964) 123-31
Etude historique d'Aimeric et de son oncle Peire; L. identifie plusieurs

sources additionnelles du *Thezaur*, et date l'oeuvre du début du 13e siècle; essai intéressant de caractériser Peire à partir de son *Thezaur*.

Breviari d'Amor

Encyclopédie en vers, composée 1288-92 par Matfré Ermengaud; 34597 vers; contient parmi beaucoup d'autres matières le *Perilhos tractat d'amor de donas* où l'on trouve citées plus de 200 strophes de poésie troubadouresque

727
Azaïs, Gabriel. *Le* Breviari d'amor *de Matfré Ermengaud, suivi de sa lettre à sa soeur*, 2 vols. (Béziers et Paris 1862 et 1881). Pp. cxvi + 557 et 77
Edition imparfaite, mais qui n'a pas encore été remplacée.

728
Ricketts, Peter T. *Le* Breviari d'Amor *de Matfré Ermengaud,* V: *Vers 27252T-34597T* (Leiden 1976). Pp. xvi + 346
Ce volume, le premier à paraître de six volumes au total, contient le *Perilhos tractat d'amor de donas;* introduction, texte critique très soigné, notes critiques, glossaire. La lettre de Matfré à sa soeur se trouve en appendice.

729
Laske-Fix, Katja. *Der Bildzyklus des* Breviari d'Amor. Münchener Kunsthistorische Abhandlungen 5 (Munich et Zürich 1973). Pp. viii + 195
Analyse du programme des illustrations qui accompagnent le texte, et de leurs rapports avec le contenu de l'oeuvre.

730
Ricketts, Peter T. 'The Hispanic Tradition of the *Breviari d'amor* by Matfre Ermengaud of Béziers,' *Hispanic Studies in Honour of Joseph Manson,* éd. Dorothy M. Atkinson et Anthony H. Clarke (Oxford 1972) 227-53
Etude de la tradition catalane et castillane du *Breviari* basée sur tous les manuscrits connus; édition critique d'un passage en prose qui décrit l'*arbre d'amor* pour préciser les rapports des traductions catalanes et castillanes, et de celles-ci et l'original occitan.

Dels Auzels Cassadors

Traité de fauconnerie de 3792 vers, composé pendant la première moitié du 13e siècle par Daude de Pradas

731
Schutz, Alexander H. *The Romance of Daude de Pradas called* Dels Auzels Cassadors, *Edited with Introduction, Summary, Notes, and Glossary.* Contributions in Languages and Literature 11 (Columbus 1945). Pp. xi + 225
Introduction littéraire et philologique détaillée, texte critique avec résumé en anglais, glossaire. Une série de corrections du texte a été proposée par Kurt Lewent; voir références, *Studia neophilologica* 35 (1963) 3-17.

Novas de l'Heretje

Ouvrage de propagande catholique; réfutation des arguments d'un Cathare, Sicart de Figueiras, qui est finalement ramené à la foi; texte de 682 vers composé à la fin du 13e ou au début du 14e siècle par Izarn

732
Meyer, Paul. 'Le débat d'Izarn et de Sicart de Figueiras,' *Annuaire-Bulletin de la Société de l'histoire de France* 16 (1879) 233-84
Introduction historique et littéraire, texte critique avec traduction française, notes. On trouve un extrait de 83 vers dans Lavaud **48**, II, 764-70, et un autre de 190 vers dans Appel **41**, 152-5.

LITTERATURE HAGIOGRAPHIQUE

Barlaam et Josaphat

Adaptation en prose d'un original latin perdu; texte anonyme du 14e siècle, qui raconte la jeunesse du Bouddha (Josaphat), considéré comme un des saints chrétiens

733
Heuckenkamp, Ferdinand. *Die provenzalische Prosa-Redaktion des geist-*

lichen Romans von Barlaam und Josaphat (Halle 1912). Pp. civ + 155
Analyse des sources et traditions de la légende, étude philologique; texte critique sans traduction, notes, glossaire très développé. On peut lire le texte entier avec traduction française en regard dans Lavaud 48, I, 1067-1221.

Vida de la Benaurada Sancta Doucelina

Texte original en prose, composé au début du 14e siècle, sans doute par Philippine de Porcelet

734
Gout, Raoul. *La* Vie de Sainte Douceline, *texte provençal du XIVe siècle, traduction et notes* (Paris 1927). Pp. 299
Introduction philologique et historique, traduction française avec l'original occitan en bas du texte, notes; sans glossaire. On peut lire un long extrait de huit chapitres (sur le total de quinze) dans Lavaud 48, II, 966-1024.

Vida de Santa Enimia

Adaptation en vers par Bertran de Marselha d'une vie latine conservée; texte de 2000 vers d'un ton populaire, du début du 13e siècle

735
Brunel, Clovis F. *Bertran de Marseille, la* Vie de Sainte Enimie, *poème provençal du XIIIe siècle.* Classiques français du moyen âge 17 (Paris 1916). Pp. xv + 78
Introduction philologique, texte critique sans traduction, notes, glossaire.

Canso de Sancta Fides

Poème anonyme de 593 vers en 55 laisses, composé aux environs d'Agen ca. 1060-80

736
Hoepffner, Ernest et Prosper Alfaric. *La* Chanson de Sainte Foy, I: *Fac-similé*

du manuscrit et texte critique; II: *Traduction française et sources latines.*
Publications de la Faculté des lettres de l'Université de Strasbourg 32 et 33
(Paris 1926). Pp. 376 et 203
Edition admirablement complète; malheureusement les éditeurs n'ont pu
utiliser l'édition rapide d'Antoine Thomas, *La Chanson de Sainte Foi
d'Agen,* Classiques français du moyen âge 45 (Paris 1925), qui apporte
quelques clarifications de détail. Voir l'analyse détaillée du texte, basée sur
une comparaison des deux éditions, par Oscar Schultz-Gora, 'Zum Text der
Fides,' *Philologische Studien aus dem romanisch-germanischen Kulturkreise:
Festschrift Karl Voretzsch* (Halle 1927) 239-54.

737
Solms, Elisabeth de. *Sainte-Foy de Conques: Passion et miracles de Sainte
Foy.* Les points cardinaux 12 (La Pierre-qui-vire 1965). Pp. 203
Traduction en français moderne de la *Canso,* augmentée de plusieurs
extraits traduits du *Liber miraculorum sancte Fidis;* très belle édition,
richement illustrée de photographies et de reproductions.

738
Zaal, Johannes W. *A lei francesca (Sainte Foy, v. 20): Etude sur les chansons de saints gallo-romanes du XIe siècle* (Leiden 1962). Pp. ix + 161
Excellente introduction aux fondements sociaux et culturels de l'hagiographie du 11e siècle, à partir du prologue de la *Chanson de Sainte Foy;*
analyse du style 'épique' des chansons de saints.

739
Soutou, André. 'Localisation géographique de la *Chanson de Sainte Foy,*'
Annales du Midi 82 (1970) 109-22
A la suite d'une étude de vocabulaire du texte, S. voit le Rouergue comme
lieu d'origine du texte, écrit pour aider la Reconquête.

740
Segre, Cesare. 'La structure de la *Chanson de Sainte Foy,*' *Mélanges Frappier*
(voir 37) 1005-18
Analyse mathématique ingénieuse de la structure du poème, pour indiquer
l'importance de l'alternance des nombres 6 et 5 qui symbolisent la perfection et l'incorruptibilité.

741
Van den Boogaard, Nico H. 'Note sur l'utilisation de motifs et formules
dans la *Chanson de Sainte Foy,*' *Cahiers de civilisation médiévale* 5 (1962)
195-202
Analyse du style formulaire qui révèle que le poète avait les mêmes idées

sur son métier et sur l'emploi de schémas expressifs que les auteurs des chansons de geste.

742
Delbouille, Maurice. 'Interprétation du prologue de la *Chanson de Sainte Foy d'Agen*,' *Estudis romànics* 9 (1961) 139-56
D. montre que les trois premières laisses sont placées dans la bouche du jongleur qui parle à ses auditeurs.

Vida del Glorios Sant Frances

Adaptation anonyme en prose de la *Legenda maior sancti Francisci* de Saint Bonaventure; texte savant, presque humaniste, composé pendant la première moitié du 14e siècle

743
Arthur, Ingrid. *La* Vida del glorios Sant Frances, *version provençale de la* Legenda maior sancti Francisci *de Saint Bonaventure* (Upsal 1955). Pp. vii + 313 + 1 planche
Longue introduction linguistique, texte critique sans traduction, notes, glossaire développé.

Vida de Sant Honorat

Adaptation en vers par Raimon Feraut d'un original latin conservé; texte de la fin du 13e siècle

744
Suwe, Ingegärd. *La* Vida de Sant Honorat, *poème provençal de Raimon Feraud, publiée d'après tous les manuscrits*, 2 vols. (Upsal 1943). Pp. cxlvii + 245
Etude philologique et linguistique exhaustive; texte critique sans traduction, notes, glossaire. On peut lire un extrait de 91 vers dans Lavaud **48**, II, 912-921.

Voir aussi Corominas **750**.

LES TRADUCTIONS

Traductions bibliques et religieuses

745
Clavier, Henri. 'Les premières traductions bibliques en oc,' *Actes VI* (voir **32**) 273-92
Etat présent des connaissances sur l'origine de l'activité traductrice: ce sont les Cathares qui ont fait les premières versions bibliques, mais ce sont des traductions littéralement fidèles.

746
Wunderli, Peter. *Die okzitanischen Bibelübersetzungen des Mittelalters: Gelöste und ungelöste Fragen.* Analecta romanica 24 (Frankfurt 1969). Pp. 94
Mise au point très utile sur les recherches accomplies et à accomplir; riche bibliographie, pp. 8-14.

747
Wunderli, Peter. *La Plus ancienne traduction provençale (XIIe siècle) des chapitres 13 à 17 de l'Evangile de Saint Jean.* Bibliothèque française et romane, série D, 4 (Paris 1969). Pp. 88 + 9 planches
Edition très soignée, accompagnée de la reproduction phototypique du texte manuscrit, précédée d'une étude linguistique détaillée, et suivie d'un glossaire complet.

748
Caravaggi, Giovanni. 'Remarques sur la tradition des *Evangiles de l'Enfance* en provençal et sur la version inédite du ms. Paris BN fr. 25415,' *Mélanges Delbouille* (voir **35**) II, 71-90
Etat présent de la recherche sur ce texte biblique apocryphe, en vue d'une édition critique.

749
Gasca-Queirazza, Giuliano. 'La versione provenzale antica delle *Meditationes vitae Christi,*' *Mélanges Rostaing* (voir **40**) 347-58
Discussion de l'histoire du texte, avec un extrait tiré du chapitre 61, et les rubriques des titres du prologue et des 79 chapitres.

750
Corominas, Joan. 'Las *Vidas de Santos Rosellonesas,' Anales del Instituto de Lingüística de la Universidad de Cuyos* 3 (1943) 126-211

Edition partielle d'une traduction catalane du 13e siècle de la *Legenda aurea* de Jacques de Voragine. L'édition complète du même texte est sous presse à Barcelone: Charlotte S. Maneikis Kniazzeh et Edward J. Neugaard, *Vidas de Sants Rosselloneses* en 4 vols., ca. 1130 pp.

Elucidari

Proprement *Elucidari de las proprietatz de totas res naturals*, traduction anonyme de l'énorme encyclopédie *De proprietatibus rerum* de Barthélemy l'Anglais; texte inédit en prose en 19 livres, composé pendant la première moitié du 14e siècle

751
Kressner, Adolf. 'Über die Thierbücher des Mittelalters nebst einem Bruchstücke aus einer provenzalischen Handschrift,' *Archiv für das Studium der neueren Sprachen und Literaturen* 55 (1876) 241-96
Edition en appendice du chapitre introductoire et de la portion du texte consacrée à l'aigle (extraits tirés du XIIe livre).

752
Evans, Dafydd. 'Quelques chapitres ornithologiques de l'*Elucidari*,' *Mélanges Boutière* (voir **34**) 219-31
Continuation de l'extrait publié par Kressner **751**; donne le reste du XIIe livre, concernant les oiseaux de proie.

753
Evans, Dafydd. 'La langue de l'*Albucasis* et de l'*Elucidari*,' *Actes VI* (voir **32**) II, 329-36
E. montre que les deux traductions viennent des environs de Toulouse, et appartiennent à la même époque, mais qu'elles n'ont pas été faites par la même personne. Voir également une étude des rimes du prologue en vers de l'*Elucidari* dans un article sous presse du même, *Actes VII* (voir **32**), à paraître dans *Cultura neolatina*.

V
Guide d'Orientation aux Matières Contiguës

LANGUE ET LITTERATURE OCCITANES MODERNES

800
Bec, Pierre. *Manuel pratique d'occitan moderne.* Connaissance des langues 7 (Paris 1973). Pp. 219
L'Institut d'études occitanes, Toulouse, a préparé un disque microsillons pour accompagner ce manuel.

801
Salvat, Joseph. *Grammaire occitane des parlers languedociens,* 3e éd. (Toulouse 1973). Pp. xvii + 177.

802
Price, Glanville. 'Bibliographie de la syntaxe occitane,' *Studia neophilologica* 37 (1965) 279-300; et 'Premier supplément,' *ibid.* 41 (1969) 62-4.

803
Mistral, Frédéric. *Lou tresor dóu Felibrige ou dictionnaire provençal-français, embrassant les divers dialectes de la langue d'oc moderne,* 2 vols. (Aix-en-Provence [1879-87]). Pp. 1196 et 1165.

804
Ronjat, Jules. *Grammaire istorique des parlers provençaux modernes,* 4 vols. (Montpellier 1930-41). Pp. xix + 423, iv + 487, vi + 651, et vi + 191 + carte dépliante.

805
Müller, Bodo. 'Das Provenzalische in neuerer Zeit: Ein Überblick über die Entwicklung der sprachlichen Situation in Südfrankreich,' *Die neueren Sprachen,* neue Folge, 13 (1964) 413-29.

806
Lafont, Robert et Christian Anatole. *Nouvelle histoire de la littérature occitane.* Publications de l'Institut d'études occitanes (Paris 1970). Pp. 847 en 2 vols.
807
Jan, Eduard von. *Neuprovenzalische Literaturgeschichte (1850-1950)* (Heidelberg 1959). Pp. 151.
808
Dupuy, André. *Petite encyclopédie occitane* (Montpellier 1972). Pp. 293.
809
Garavini, Fausta. *La letteratura occitanica moderna.* Le letterature del mondo 50 (Florence et Milan 1970). Pp. 274.
810
Pirot, François. 'Coup d'oeil sur la jeune littérature occitane,' *Marche romane* 23 (1973) 291-300.
811
Maquet, Albert. 'La jeune poésie provençale d'Italie,' *Mélanges Rostaing* (voir **40**) 653-67
Esquisse du nouveau mouvement littéraire occitanisant en Piémont — 'l'expression d'une ethnie qui refuse l'avilissement.'
812
Cordes, Léon. *Troubadours aujourd'hui: Trobadors al sègle XX* (Raphèle-les-Arles 1975). Pp. 217
Un choix de poèmes des troubadours anciens 'translatés librement' en occitan moderne, suivis par un résumé en français.
813
Nelli, René. *La Poésie occitane des origines à nos jours: Edition bilingue* (Paris 1972). Pp. 366
Anthologie de textes de toutes les époques, avec traductions françaises.
814
Boutière, Jean. 'L'influence des troubadours sur la versification de la lyrique de Mistral,' *Actes II* (voir **32**) 311-22.
815
Lafont, Andrée P. *Anthologie de la poésie occitane 1900-1960* (Paris 1962). Pp. 414.
816
Abel, Fritz. *Le Mouvement occitaniste contemporain dans la région de*

Toulouse, d'après les articles occitans parus dans la Dépêche du Midi *(1969-1972)*. Tübinger Beiträge zur Linguistik 37 (Tubingue 1973). Pp. 105 Introduction sur les problèmes historiques, politiques, et économiques du mouvement occitaniste; anthologie de 19 articles.

Voir aussi Marks **107**, 314-23.

LYRIQUE LATINE MEDIEVALE

817
Raby, Frederic J. *A History of Secular Latin Poetry in the Middle Ages*, 2 vols. (Oxford 1934; 2e éd. révisée 1957). Pp. xii + 408 et vii + 409.
818
Langosch, Karl. *Mittellateinische Dichtung: Ausgewählte Beiträge zu ihrer Erforschung*. Wege der Forschung 149 (Darmstadt 1969). Pp. xix + 480.
819
Aria y Arias, Ricardo. *La poesía de los Goliardos*. Biblioteca Románica Hispánica 6: Antología Hispánica 30 (Madrid 1970). Pp. 315.
820
Langosch, Karl. *Lyrische Anthologie des lateinischen Mittelalters, mit deutschen Versen* (Darmstadt 1968). Pp. 372.
821
Raby, Frederic J. *The Oxford Book of Medieval Latin Verse* (Oxford 1961). Pp. 512.
822
Hilka, Alfons et Otto Schumann. Carmina Burana, *mit Benutzung der Vorarbeiten Wilhelm Meyers, kritisch herausgegeben*, 2 vols. (Heidelberg 1930). Pp. xvi + 238.
823
Walsh, Patrick G. *Courtly Love in the* Carmina Burana. University of Edinburgh Inaugural Lectures 47 (Edinburgh 1971). Pp. 27.
824
Walther, Hans. *Initia carminum ac versuum medii aevi posterioris Latinorum: Alphabetisches Verzeichnis der Versanfänge mittellateinischer Dichtungen*. Carmina medii aevi posterioris Latina 1 (Göttingen 1959; 2e éd. révisée et augmentée 1969). Pp. xiv + 1377.

LANGUE ET LITTERATURE CATALANES

825
Badia Margarit, Antoni M. *Llengua i cultura als països catalans.* Col·lecció a l'abast 19 (Barcelone 1964). Pp. 196.
826
Corominas, Joan. *El que s'ha de saber de la llengua catalana.* Biblioteca Raixa 1 (Palma de Mallorca 1954; 4e éd. 1970). Pp. 141.
827
Badia Margarit, Antoni M. et Georges Straka. *La Linguistique catalane: Colloque international organisé par le Centre de philologie et de littératures romanes de l'Université de Strasbourg du 23 au 27 avril 1968.* Actes et colloques 11 (Paris 1973). Pp. 461.
828
Riquer, Martín de. *Història de la literatura catalana,* 2 vols. (Barcelone 1964). Pp. 710 et 744.
829
Terry, Arthur. *Catalan Literature.* A Literary History of Spain [8] (Londres et New York 1972). Pp. xix + 136.
830
Massó Torrents, Jaume. *Repertori de l'antiga literatura catalana,* I: *La Poesia* (Barcelone 1932). Pp. xi + 620
Voir surtout pp. 4-10, 'Els cançoners provençals'; pp. 81-251, 'Els trobadors catalans'; pp. 309-32, 'L'Escola poètica de Tolosa.'
831
Tavani, Giuseppe. *Poesia del duecento nella peninsola iberica: Problemi della lirica galego-portoghese.* Officina romanica 12 (Rome 1969). Pp. 292.
832
Mila y Fontanals, Manuel. *De los trovadores en España* (Barcelone 1861; 2e éd. révisée 1966). Pp. 503.

POESIE LYRIQUE DES TROUVERES

833
Cluzel, Irénée-Marcel et Léon Pressouyre. *La Poésie lyrique d'oïl, les origines et les premiers trouvères, textes d'étude* (Paris 1962; 2e éd. refondue 1969). Pp. 191.
834
Pauphilet, Albert. *Poètes et romanciers du moyen âge.* Bibliothèque de la Pléiade 52 (Paris 1952; 2e éd. révisée 1963). Pp. 1305
Voir pp. 867-954: anthologie de 49 poèmes, par 11 trouvères; ni traductions, ni notes, ni glossaire.
835
Toja, Gianluigi. *Lirica cortese d'oïl: Secoli XII-XIII* (Bologna 1966). Pp. 604.
836
Maillard, Jean. *Anthologie de chants de trouvères* (Paris 1967). Pp. 87.
837
Mölk, Ulrich et Friedrich Wolfzettel. *Répertoire métrique de la poésie lyrique française des origines à 1350* (Munich 1972). Pp. 682 + coffret de 74 fiches perforées.

Voir aussi un grand nombre des ouvrages de référence et d'introduction des sections I et II, qui se rapportent à la littérature d'oïl aussi bien qu'à la littérature d'oc.

POESIE LYRIQUE GALLEGO-PORTUGAISE

838
D'Heur, Jean-Marie. *Troubadours d'oc et troubadours galiciens-portugais: Recherches sur quelques échanges dans la littérature de l'Europe au moyen âge.* Cultura medieval e moderna 1 (Paris 1973). Pp. 374.
839
D'Heur, Jean-Marie. *Gallaecia et Occitania: Recherches sur la lyrique galicienne-portugaise et ses rapports avec la lyrique occitane,* 2 vols. (Vinalmont 1966). Pp. vi + 327 et iii + 214.
840
Fernández-Pereiro, Nydia G. de. 'La introducción de la lirica de Provenza en Galicia y Portugal,' *Romanica* 1 (1968) 19-68.

841
Bagley, Cynthia P. 'Courtly Love-Songs in Galicia and Provence,' *Forum for Modern Language Studies* 2 (1966) 74-88.
842
D'Heur, Jean-Marie. 'Sur la poésie lyrique portugaise des XIIe et XIIIe siècles,' *Le Moyen âge* 67 (1961) 149-60.
843
Pellegrini, Silvio. *Studi su trove e trovatori della prima lirica ispano-portoghese*, 2e éd. révisée et augmentée (Bari 1959). Pp. 211.
844
Tavani, Giuseppe. *Repertorio metrico della lirica galego-portoghese.* Officina romanica 7 (Rome 1967). Pp. 520.
845
Fernández-Pereiro, Nydia de. 'Le songe d'amour chez les troubadours portugais et provençaux,' *Mélanges Rostaing* (voir **40**) 301-15
Chez les troubadours portugais, le songe ne contient pas de représentations sensuelles, comme on les trouve constamment chez les poètes occitans; ceux-là chantent un idéal héroïque, une sublimation de l'amour malheureux. Cf. l'article complémentaire de Braet **188**.

Voir aussi Spina **53**.

L'ECOLE SICILIENNE

846
Folena, Gianfranco. 'Cultura e poesia dei Siciliani,' *Storia della letteratura italiana*, I: *Le origine e il Duecento*, éd. Emilio Cecchi et Natalino Sapegno (Milan 1965) 271-347.
847
Palermo, Joseph. 'La poésie provençale à la cour de Frédéric II de Sicile,' *Revue des langues romanes* 79 (1969) 71-82.
848
Krauss, Henning. 'Gattungssystem und Sitz im Leben: Zur Rezeption der altprovenzalischen Lyrik in der sizilianischen Dichterschule,' *Zeitschrift für Literaturwissenschaft und Linguistik* 11 (1973) 37-70.
849
Santangelo, Salvatore. 'Le origini della poesia lirica e la poesia occitana

sotto gli Svevi,' *Scritti varii di lingua e letteratura siciliana.* Biblioteca di studi e texti 1 (Palermo 1960) 65-74.
850
Santangelo, Salvatore. 'La scuola poetica siciliana del secolo XIII,' *Studi medievali* 17 (1951) 21-45. Article repris dans *Saggi critici* (Modène 1959) 235-53.
851
Langley, Ernest F. 'The Extant Repertory of the Early Sicilian Poets,' *Publications of the Modern Language Association of America* 28 (1913) 454-520.
852
Panvini, Bruno. *Le rime della scuola siciliana,* 2 vols. (Florence 1962 et 1964). Pp. li + 672 et xvi + 180.
853
Pagani, Walter. *Repertorio tematico della Scuola Poetica Siciliana.* Biblioteca di filologia romanza 12 (Bari 1968). Pp. 541
Interprétation d'ensemble en même temps que répertoire thématique complet.

Voir aussi Kittel **194**.

POESIE LYRIQUE ITALIENNE

854
Bertoni, Giulio. *I trovatori d'Italia (biografie, testi, traduzione, note)* (Modène 1915; réimpr. 1967). Pp. xvi + 608
Anthologie de 76 poèmes, par 27 poètes et 6 inconnus avec introduction et notes.
855
Healy, Elliot D. 'Some Aspects of the Troubadour Contribution to the Dolce Stil Nuovo,' *Medieval Studies in Honor of Urban Tigner Holmes.* University of North Carolina Studies in the Romance Languages and Literatures 56 (Chapel Hill 1965) 89-102.
856
Schwarze, Christoph. 'Dante et les troubadours; quelques recherches sur le langage de la chanson courtoise en Provence et en Italie,' *Revue des langues romanes* 77 (1966) 151-65.

857
Contini, Gianfranco. *Poeti del Duecento.* La letteratura italiana, storia e testi, 2, 2 vols. (Milan et Naples 1960). Pp. xxvi + 934 et viii + 1004.
858
Margueron, Claude. 'Résonances provençales et siciliennes dans les *Rime d'amore* de Guittone d'Arezzo,' *Bollettino del centro di studi linguistici e filologici siciliani* 7 (1962) 206-25.
859
Salvat, Joseph. 'Dante e las literaturas occitana e francesca,' *Mélanges Lejeune* (voir **39**) I, 291-317.
860
Folena, Gianfranco. 'Dante et les troubadours,' *Actes III* (voir **32**) II, 21-34.
861
Folena, Gianfranco. *Vulgares eloquentes: Vite e poesie dei trovatori di Dante* (Padoue 1961). Pp. 103.
862
Bergin, Thomas G. 'Dante's Provençal Gallery,' *Speculum* 40 (1965) 15-30.

LES MINNESINGER ALLEMANDS

863
Goldin, Frederick. *German and Italian Lyrics of the Middle Ages* (New York 1973). Pp. 438.
864
Linker, Robert W. *Music of the Minnesinger and Early Meistersinger, a Bibliography.* University of North Carolina Studies in the Germanic Languages and Literatures 32 (Chapel Hill 1962). Pp. 79.
865
Bumke, Joachim. *Die romanisch-deutschen Literaturbeziehungen im Mittelalter: Ein Überblick* (Heidelberg 1967). Texte révisé dans Jauss **102**, I, 264-303.
866
De Boor, Helmut, éd. *Mittelalter.* Die deutsche Literatur, Texte und Zeugnisse, 1 (Munich 1965). Pp. lxx + 1879 en 2 vols.
867
Jackson, William T. 'Faith Unfaithful – the German Reaction to Courtly Love, *The Meaning of Courtly Love,* éd. F.X. Newman (Albany 1968) 55-76.

868
Taylor, Ronald J. *The Art of the Minnesinger: Songs of the Thirteenth Century Transcribed and Edited with Textual and Musical Commentaries*, 2 vols. (Cardiff 1968). Pp. xliv + 182 et 301.
869
Seagrave, Barbara G. et Wesley Thomas. *The Songs of the Minnesingers* (Urbana et Londres 1966). Pp. ix + 232 + disque microsillons.

CADRE HISTORIQUE ET SOCIAL

870
Wolff, Philippe, éd. *Histoire de la France méridionale*. Une série qui contient jusqu'ici:
Wolff, Philippe. *Histoire du Languedoc* (Toulouse 1967). Pp. 540 et volume annexe: *Documents de l'histoire du Languedoc* (Toulouse 1969)
Baratier, Edouard. *Histoire de la Provence* (Toulouse 1969). Pp. 604 et volume annexe: *Documents de l'histoire de la Provence* (Toulouse 1971)
Higounet, Charles. *Histoire de l'Aquitaine* (Toulouse 1971). Pp. 538.
871
Devic, Claude et Joseph Vaissète. *Histoire générale de Languedoc*, 2e éd. révisée, 16 vols. (Toulouse 1872-1904)
C'est une compilation de documents plutôt qu'une histoire suivie de la région.
872
Nelli, René. *Histoire du Languedoc* (Paris 1974). Pp. 351 + 4 planches.
873
Lewis, Archibald R. *The Development of Southern French and Catalan Society 718-1050* (Austin 1965). Pp. xviii + 471 + cartes.
874
Higounet, Charles. 'Le groupe aristocratique en Aquitaine et en Gascogne (fin Xe-début XIIe siècle),' *Structures sociales de l'Aquitaine, du Languedoc, et de l'Espagne au premier âge féodal: Colloque de Toulouse 1968.*
Colloques internationaux du Centre national de la recherche scientifique (Paris 1969) 221-37.
875
Varvaro, Alberto. 'Scuola e cultura in Francia nel XII secolo,' *Studi mediolatini e volgari* 10 (1962) 299-330.

876
Lejeune, Rita. 'Le rôle littéraire de la famille d'Aliénor d'Aquitaine,' *Cahiers de civilisation médiévale* 1 (1958) 319-37.

CATHARISME

877
Nelli, René. *Dictionnaire des hérésies méridionales et des mouvements, hétérodoxes ou indépendents, apparus dans le Midi de la France depuis l'établissement du christianisme* (Toulouse 1968). Pp. 304.

878
Wakefield, Walter L. *Heresy, Crusade, and Inquisition in Southern France 1100-1250* (Berkeley et Los Angeles 1974). Pp. 288
Très riche bibliographie, pp. 259-76.

879
Nelli, René. 'Le catharisme vu à travers les troubadours,' *Cathares en Languedoc.* Cahiers de Fanjeaux 3 (Toulouse 1968) 177-97.

880
Delaruelle, Etienne. 'La critique de la guerre sainte dans la littérature méridionale,' *Paix de Dieu et guerre sainte en Languedoc au XIIIe siècle.* Cahiers de Fanjeaux 4 (Toulouse 1969) 128-39.

881
Thouzellier, Christine. *Catharisme et Valdéisme en Languedoc à la fin du XIIe et au début du XIII siècle* (Paris 1965). Pp. 526.

882
Kovarick, Robert J. 'The Albigensian Crusade: A New View,' *Studies in Medieval Culture* (Kalamazoo 1970) III, 33-49.

883
Niel, Fernand. *Albigeois et cathares.* Que sais-je? 689 (Paris 1956). Pp. 128.

884
Nelli, René. *Le Phénomène cathare* (Paris 1964). Pp. 198.

885
Nelli, René. *Ecritures cathares* (Paris 1968). Pp. 255.

Voir aussi Marks **107**, 235-95; Rougemont **142**.

Index

Sont inclus tous les noms de critiques et d'éditeurs modernes, les noms d'auteurs et de textes médiévaux qui paraissent hors de leur rubrique normale (voir la table des matières pour les noms de troubadours et les titres d'oeuvres non-lyriques), les noms de genres, et un choix parmi les thèmes et les concepts les plus importants. Sauf indication contraire, les références sont au numéro d'ordre et non pas à la page.

Abel, Fritz 816
adynaton 189
AIMERIC DE BELENOI 305, 309, 726
AIMERIC DE PEGUILHAN 193, 306-8, 437, 568
aizi(men) 171
Akehurst, Frank R. 15, 187, 337
alba 227-30
ALBERTET 308, 309, 437
Albucasis 753
Alfaric, Prosper 736
ALIENOR D'AQUITAINE 505, 876
ALIENOR PLANTAGENET 505
Almqvist, Kurt 398
ALPHONSE VIII DE CASTILLE 505
ALPHONSE X DE CASTILLE 458, 459
AMANIEU DE SESCARS pp. 134-5
amor 650
amor de lonh 465-9
Anatole, Christian 103, 806
ANDRE LE CHAPELAIN 146, 155

Anglade, Joseph 4, 61, 66, 456, 519, 568, 697, 698, 700
Anglès, Higinio 253, 457
Appel, Carl 41, 332, 349, 361, 485, 715
Aramon i Serra, Ramón p. 48
Aria y Arias, Ricardo 819
ARNAUT DE CARCASSES 678, 679
ARNAUT DANIEL 202, 312-23
ARNAUT GUILHEM DE MARSAN p. 135
ARNAUT DE MARUELH 324-6, 708
ARNAUT VIDAL DE CASTELNAU-DARY 662, 663
Arthur, Ingrid 743
Arveiller, Raymond 361, 390, 391
Aston, Stanley C. 2, 14, 180, 238, 380, 381, 525
Atchity, Kenneth J. 33
Atkinson, Dorothy M. 730
Audiau, Jean 222, 397
Avalle, D'Arco S. 301, 518, 688

Azaïs, Gabriel 727

Badia Margarit, Antoni M. 825, 827
Baehr, Rudolf 110
Bagley, Cynthia P. 841
Baldinger, Kurt 57, 58
Baratier, Edouard 870
BARTHELEMY L'ANGLAIS p. 145
Bartsch, Karl 712, 714
Battaglia, Salvatore 317
Baum, Richard 233, 236
Bec, Pierre 42, 68, 69, 111, 181, 209, 231, 325, 326, 339, 340, 800
Beck, Jean-Baptiste 258
Bekker, Immanuel 618
Benton, John F. 155
Berchem, Theodor 361, 390
Bergin, Thomas G. 33, 46, 862
BERNART MARTI 202, 330, 331, 504
BERNART DE VENTADORN 69, 184, 193, 248, 308, 332-45, 522, 535
BERNATZ DE SAISSAC 504
Berry, André 43
Berthaud, Pierre-L. 6
Bertolucci Pizzorusso, Valeria 458, 539
Bertoni, Giulio 482, 507, 551, 604, 724, 854
BERTRAN DE BORN 216, 349-57
BERTRAN DE MARSELHA 735
BERTRAN DE PARIS 720, 723
Bezzola, Reto R. 117, 416
Biella, Ada 226
Billet, Léon 334
BLACATZ 560
Blackburn, James E. 422
Blasi, Ferruccio 310
Boase, Roger p. xiii, note

Böckmann, Paul 180
Boeci 704, 705-7
Boer, Josephine de 638
Bogin, Meg 115
Boissonnade, Prosper 484
Bondanella, Peter E. 322, 336
Boni, Marco 348, 481, 559, 716
BONIFACE DE MONTFERRAT 540
La Borgoise d'Orliens 676
Bossuat, Robert 101
BOUDDHA p. 140
Boutière, Jean 34, 309, 506, 632, 814
Bowra, Cecil M. 560
Braccini, Mauro 553
Brackney, Emmert M. 380
Braet, Herman 188
Branciforti, Francesco 359, 406, 411, 479
Brayer, Edith 304
Briffault, Robert S. 109
Brody, Saul N. 656
Brossmer, Alfred 604
Brunel, Clovis F. 7, 664, 668, 735
Bumke, Joachim 865
Burger, André 475
Butturff, Douglas R. 649

Cabeen, David C. 3
CABRA pp. 137-8
Caluwé, Jacques de 616
Camproux, Charles 100, 145, 168, 169, 363, 425, 427, 433, 440, 509, 512, 514, 610, 646
canso 211-13
Canso d'Antiocha 602, 605, 606
Canso de la Crosada 602, 609-14
Caravaggi, Giovanni 748
Carmina Burana 822, 823

Carroll, Carleton W. 319
Carstens, Henry 2
castitatz 407
CAVALIER LUNEL DE MONTECH voir PEIRE DE LUNEL
Cavaliere, Alfredo 2, 516
Cecchi, Emilio 846
CERVERI DE GIRONA voir GUILHEM DE CERVERA
Chabaneau, Camille 61, 565, 607
Chailley, Jacques 132, 240, 249
Chambers, Frank M. 61, 306, 307, 360, 550, 651, 723
Chastel d'amors 704
Chaytor, Henry J. 528, 558, 603
Cherchi, Paolo 189
Chichmarev, Vladimir 717
Cholakian, Rouben C. 8
CHRETIEN DE TROYES 535, 643, 667, 670
Clarke, Anthony H. 730
Clavier, Henri 745
Cluzel, Irénée-Marcel 34, 118, 364, 367, 370, 371, 376, 465, 632, 675, 676, 709, 711, 833
Cocito, Luciana 561, 645
Cohen, Gustave 684
Colvig, Richard 260
Compendi p. 131
Condren, Edward I. 156
conductus 135
conflictus 220
Consistori de la Subragaya Companhia del Gai Saber p. 107
Contini, Gianfranco 857
Coover, James B. 260
Cordes, Léon 812
Cornicelius, Max 677

Corominas, Joan 365, 750, 826
cortezia 175, 176, 429, 547, 549
cossirar 179
Coulet, Jules 679
Cour d'amour 704
Cravayat, Paul 462
Crescimbeni, Giovanni M. 11
Cropp, Glynnis M. 169, 170
Crozet, René 475
cuidar 179

Damon, Philipp 658
DANTE 11, 157, 180, 194, 316, 317, 318, 322, 351, 373, 560, 561, 856, 859-62
DAUDE DE PRADAS 334, 731
Davenson, Henri 108
Davies, Peter 460
Davis, Judith M. 429
Davis, William M. 120
De Boor, Helmut 866
Dejeanne, Jean-M. 482
Delaruelle, Etienne 404, 880
Delbouille, Maurice 35, 364, 534, 644, 742
Del Monte, Alberto 202, 438, 500
Demetz, Peter 211
Deroy, Jean 255
Desconortz de las donas 699
descort 233-5
Devic, Claude 871
devinalh 196, 434
dezir 328
D'Heur, Jean-Marie 190, 611, 612, 838, 839, 842
Doctrina d'acort p. 130
Doctrina de compondre dictats p. 130
Doctrinal de trobar 565

dolor 174
domna 160, 162, 164
Donaldson, Ethelbert T. 146
Dossat, Yves 613
Dragonetti, Roger 171, 182, 413
Drame de l'époux p. 129
Dronke, Peter 113, 131, 185, 415
Dufournet, Jean 38
Dumitrescu, Maria 136, 305, 384, 386
Dupuy, André 808

EBLE DE SAIGNES 387
EBLE D'USSEL 387, 397
Economou, George D. 192, 656
Ehnert, Rolf 352, 355
ELIAS D'USSEL 397
ensenhamen 102, 708-16, 718-23
Equicola, Mario 11
Ernst, Willy 452
Errante, Guido 488
Escallier, Emile 402
espingadura 375, 376
estampida (Kalenda maia) 253, 254, 542, 543
Eusebi, Mario 708
Evans, Dafydd 752, 753
Ewert, Alfred 179

fabliau 657, 675, 676
Fabre, Frédéric 510
FADET pp. 137-8
FALCERON 631
Fantazzi, Charles 491
Farmer, Henry G. 128
Faucheux, Christian 379
Favati, Guido 421, 523, 633, 653
Fernandez, Marie 65

Fernández-Pereiro, Nydia G. de 191, 840, 845
Ferrante, Joan M. 157, 192, 656
Ferrari, Anna 522
Ferrero, Giuseppe G. 480
Field, William H. 718
fin'amor 145-54, 166, 175, 176, 320, 455, 463, 547
Fisher, John H. 121
Fitz-Gerald, John 700
Flamenca 194, 639-61
Flors del Gay Saber 696, 697
Flutre, Louis-F. 62
Folena, Gianfranco 846, 860, 861
FOLQUET DE MARSELHA 248, 392
Forestié, Edouard 713
Fourquet, Jean 138
Frank, István 36, 60, 396, 532
Frappier, Jean 37, 147, 203
Frings, Theodor 137

Gandillac, Maurice P. de 139
Garavini, Fausta 809
GARIN LE BRUN 715
Gasca-Queirazza, Giuliano 749
Gatien-Arnoult, Adolphe-F. 696
GAVAUDAN 202, 223
Gay-Crosier, Raymond 158
gelosia 650
Gennrich, Friedrich 49, 133, 244, 257, 543
GEOFFROY DE BRETAGNE 355
Gérold, Théodore 683
Gillespie, Gerald 119
Goldin, Frederick 44, 192, 193, 515, 863
goliards 42, 252
GORDO pp. 137-8
Gorton, T.J. 126

Gout, Raoul 734
GRAINDOR DE DOUAI p. 110
Gran Conquista de Ultramar 606
GREGORI BECHADA p. 110
Grente, Georges 101
Gröber, Gustav 102
Gschwind, Ulrich 641
Guerrieri-Crocetti, Camillo 523
Guiette, Robert 183
GUILHEM ANELIER p. 115
GUILHEM AUGIER NOVELLA 247
GUILHEM DE CERVERA 365-77
GUILHEM FABRE 563
GUILHEM DE GALHAC 564
GUILHEM MOLINIER 696-703
GUILHEM DE PEITIEU 130, 167, 196, 308, 384, 411-45, 476
GUILHEM DE SAINT-LEIDIER 446, 704
GUILHEM DE TUDELA p. 111
GUILLAUME DE ST-THIERRY 207
GUILLEM DE NIVERS p. 118
GUILLOT ARDIT DE MIRAMAR 636
Guiraud, Pierre 159
GUIRAUT DE BORNELH 196, 248, 308, 447-51
GUIRAUT DE CABRERA 720, 721
GUIRAUT DE CALANSO 193, 452, 704, 720, 722
GUIRAUT RIQUIER 223, 453-9
GUITTONE D'AREZZO 858
Gulsoy, Josep 638

Hackett, Winifred M. 172, 619, 620, 622
Halligan, G. 224
Hamilton, George L. 725
Hamlin, Frank R. 45
Harvey, Leonard P. 125

Haskell, Daniel C. 9
Hatcher, Anna G. 493
Hathaway, John 45, 496
Hatto, Arthur T. 229
Healy, Elliot D. 3, 855
Heger, Klaus 123
HEINRICH VON MORUNGEN 344
HENRI VI 540
HENRI AU COURT MANTEL 352
Herder, Johann G. 137
Heuckenkamp, Ferdinand 733
Higounet, Charles 870, 874
Hilka, Alfons 822
Hill, Raymond T. 46
Hoepffner, Ernest 112, 330, 331, 521, 532, 684, 736
Hofmann, Karl 618
Holmes, Urban T. 3, 307, 855
Horan, William D. 360
Horrent, Jules 541
Horst, Cornelis H. 637
Hubert, Merton J. 639
Hughes, Andrew 10
Hughes, Anselm 242
Husmann, Heinrich 251

IGNAURE 673
Imbs, Paul 148, 489
IZARN 732

Jackson, William T. 344, 867
JACQUES DE VORAGINE 750
Jaeschke, Hilde 389
Jahiel, Edwin 259
Jan, Eduard von 807
Jaufre 194, 660
JAUFRE RUDEL 167, 171, 204, 460-77
Jauss, Hans R. 102, 210, 666

Javelet, Robert 149
JEAN DE SACROBOSCO 725
Jeanroy, Alfred 106, 358, 362, 394, 412, 420, 460, 507, 562, 564, 566, 567, 681, 683, 701, 724
Jensen, Frede 70
Jernigan, Charles 323
JOAN DE CASTELNAU p. 131
JOFRE DE FOIXA p. 130
JOGLAR *(senhal)* 458, 534
Johnston, Ronald C. 324
joi 145, 168, 174, 177, 328, 363
Jones, David J. 219
Jouveau, René 104
jovens 173, 175
Juneau, E. 139
Jung, Marc R. 704
JUVENAL 511

Kalenda maia (estampida) 253, 254, 542, 543
Keller, Hans-E. 627
Keller, Wilhelm 722
Kellermann, Wilhelm 150, 354
Kertesz, Christopher 428
khardja 42, 123, 124, 130
Kimmel, Arthur S. 615, 617
Kittel, Muriel 194
Kjellman, Hilding 545
Klein, Karen W. 216, 353
Klein, Otto 497
Knudson, Charles A. 121
Köhler, Erich 102, 140, 160, 161, 173, 204, 212, 217, 220, 223, 234, 395, 437, 440
Kolsen, Adolf 447
Kovarick, Robert J. 882
Krauss, Henning 848

Kravtchenko-Dobelmann, Suzanne 690
Kressner, Adolf 751
Kussler-Ratyé, Gabrielle 378

Labande, Edmond-R. 354, 439
Lacurne de Sainte-Palaye, Jean-B. de 11
Lafont, Andrée P. 815
Lafont, Robert 47, 103, 614, 702, 806
lai 234-7
Lai d'Ignaure p. 125
Lai Markiel 256
Långfors, Arthur 401
Langley, Ernest F. 851
Langlois, Ernest 63
Langosch, Karl 818, 820
Laske-Fix, Katja 729
Lassalle, Roger 511, 513
Laugesen, Anker T. 692
Lausberg, Heinrich 543
Lavaud, René 48, 313, 498, 508, 640, 665
Lavis, Georges 174
Lawner, Lynn 308, 435, 544
Lazar, Moshé 151, 175, 332, 341, 686
Lecoy, Félix 446
Lefèvre, Yves 470, 472, 476, 726
Legenda aurea 750
Le Gentil, Pierre 38, 124, 621
Lejeune, Rita 5, 39, 184, 364, 423, 441, 473, 503, 554, 555, 557, 602, 630, 644, 647, 667, 673, 721, 876
Le May, Richard 127
Lesaffre, Jean 6
Leube-Fey, Christiane 162
Levy, Emil 54, 55, 403
Lewent, Kurt 305, 369, 372, 375, 377, 410, 447, 452, 479, 482, 508, 731

Lewicka, Halina 682
Lewis, Archibald R. 873
Leys d'amors 180, 696-703
Li Gotti, Ettore 311, 694
Limentani, Alberto 642, 643, 660, 680, 719
LINHAURA *(senhal)* 534
Linhaura (roman) 673, 674
Linker, Robert W. 542, 864
Linskill, Joseph 453, 538
Lo Cascio, Renzo 540
locus amoenus 171
Lommatzsch, Erhard 49
Loomis, Roger S. 671
Lucas, Harry H. 531

Machabey, Armand 241, 252
Mahn, Carl A. 453
Maillard, Jean 235, 237, 245, 247, 256, 836
Majorano, Matteo 463
Maneikis Kniazzeh, Charlotte S. 750
Manning, Steven 163
Manson, Joseph 730
Maquet, Albert 811
MARBODE DE RENNES 421
MARCABRU 167, 184, 204, 207, 223, 226, 308, 404, 482-96, 536
Margoni, Ivos 176
Margueron, Claude 858
MARIE DE CHAMPAGNE 155
Marks, Claude 107
Marrou, Henri 108
Marshall, John H. 213, 303, 314, 382, 537, 691, 695, 703
Martin-Chabot, Eugène 609
Massó Torrents, Jaume 830

MATFRE ERMENGAUD 727-30
MATHILDE VON SACHSEN 354
McPeek, Gwynn S. 542
Méjean, Suzanne 214, 218
Melli, Elio 232
Ménard, Philippe 338
Menéndez Pidal, Ramón 141, 723
Meyer, Paul 605, 636, 639, 662, 732
mezura 175, 176
Michel, Francisque 624
midons 172
Mila y Fontanals, Manuel 709, 712, 832
Mistral, Frédéric 803
Mohrmann, Christine 255
Mölk, Ulrich 205, 230, 453, 455, 837
Monterosso, Raffaello 688
Monteverdi, Angelo 442, 473, 477
Mouzat, Jean-D. 327, 328, 385, 393, 409, 674
Müller, Bodo 805
Musso, Franco 523
muwashshah 130
Mystère des vierges sages et des vierges folles p. 129
Mystères rouergats p. 128

Napolski, Max von 530
Nelli, René 48, 152, 640, 655, 665, 813, 872, 877, 879, 884, 885
Neugaard, Edward J. 750
Neumeister, Sebastian 208, 221
Newcombe, Terence H. 329
Newman, F.X. 867
Nichols, Stephen G. Jr. 195, 211, 333, 426, 487
Nicholson, Derek T. 517
Niel, Fernand 883
Niestroy, Erich 529

Nolting-Hauff, Ilse 652, 661
Nostradamus, Jean de 11
Noulet, Jean-B. 564, 565
Nykl, Alois R. 129

oblidar (s') 179
Oliver, Gabriel 320
Olivet, Fabre d' 11
OLIVIER DE LAUSANNE 601
OLIVIER DE VERDUN 601
Olson, Susan 490
Oroz Arizcuren, Francisco J. 373

Pacheco, Arseni 638
Paden, William D. Jr. 164, 349, 351
Pagani, Walter 492, 853
Paganuzzi, Enrico 254
Palermo, Joseph 847
Panvini, Bruno 448, 634, 852
Parducci, Amos 710
Paris, Gaston 606
partimen 219-21
Pasero, Nicolò 196, 411, 432
Passion provençale 681, 687
pastorela 162, 222-6
Paterson, Linda 185
Pattison, Walter T. 302, 505, 533
Pauphilet, Albert 834
Payen, Jean-C. 117, 197, 343, 524
peccat 524
peguesca 376
PEIRE D'ALVERNHA 184, 386, 500-05
PEIRE CARDENAL 196, 508-15, 704
PEIRE DE CORBIAN p. 138
PEIRE GUILHEM 704
PEIRE DE LADILS 565, 566
PEIRE DE LUNEL 566, 713
PEIRE RAIMON DE TOLOSA 516, 568

PEIRE D'USSEL 397
PEIRE DE VIC p. 91
PEIRE VIDAL 248, 307, 319, 518-24, 568
Pelan, Margaret 521
Pellegrini, Silvio 239, 311, 843
Perceval 660
Perella, Nicolas J. 165
Perilhos tractat d'amor de donas p. 139
Perrin, Robert H. 250
perspective 342, 344
pessar 179
Petiot, André 246
Petit, Jean-M. 6, 454
PETRARQUE 11, 317
Pézard, André 631
Pfaff, S.L. 453
Pfister, Max 623
PHILIPPINE DE PORCELET p. 141
Pic, François 1
Picchio Simonelli, Maria 346
Pickens, Rupert T. 461
Piemme, Jean-M. 685
Pillet, Alfred 2
Pinkernell, Gert 669, 672
Pirot, François 34, 153, 387, 483, 489, 601, 720, 810
planh 102, 238, 239
Poerck, Guy de 357
Poirion, Daniel 38
Pollmann, Leo 130, 154, 177, 206, 316, 414, 418, 431
Porter, Marion Eugene 639
Pound, Ezra 318
Pountney, Michael 618
Press, Alan R. 166, 439
Pressouyre, Léon 833

pretz 353, 547, 650
Price, Glanville 802

Raby, Frederic J. 817, 821
Radcliffe, Mary 224
RAIMBAUT D'AURENGA 196, 308, 533-7
RAIMBAUT DE VAQUEIRAS 196, 538-44
RAIMON FERAUT 744
RAIMON DE CORNET 565, 566
RAIMON VIDAL DE BESALU 314, 675, 677, 691, 692, 718, 719
Rajna, Pio 420
Raynouard, François J. 56
razos 350, 632-5
Razos de trobar 180, 691-4
Regan, Mariann S. 342
Regles de trobar p. 130
Remy, Paul 670, 671
Renson, Jean 35
retener 170
RICHARD COEUR-DE-LION 352
RICHARD LE PELERIN p. 110
Ricketts, Peter T. 45, 399, 405, 407, 494, 496, 728, 730
Rieger, Dietmar 116, 215, 227, 434
Riesz, Janos 321
Rimanelli, Giose 33
Riquer, Martín de 50, 365, 368, 399, 400, 626, 629, 668, 828
ROBERT D'ANJOU 239
ROBERT D'ARBRISSEL 416
Robertson, Durant W. Jr. 467
Rochemaure, duc de la Salle de 498
Rohlfs, Gerhard 543
Rohr, Rupprecht 110, 122

Roncaglia, Aurelio 51, 67, 207, 444, 482, 486, 495, 504, 535
Ronjat, Jules 804
Ronsasvals 626, 628-31
Roques, Mario 600, 608, 625, 628
Rosetti, Alexandru 643
Rostaing, Charles 40, 104
Rougemont, Denis de 142
Rouquette, Jean 105
Routledge, Michael J. 497, 499
Ruffinatto, Aldo 693
Ruggieri, Ruggero M. 52, 305, 436, 706
RUTEBEUF 512

SAINT BONAVENTURE 743
Sakari, Aimo 446
salut 162, 231, 232, 325, 326
Salvat, Joseph 699, 801, 859
Salverda de Grave, Jean-J. 347, 449, 450, 562
Sankovitch, Tilde 648
Santangelo, Salvatore 477, 849, 850
Sapegno, Natalino 846
Saville, Jonathan 228
Savj-Lopez, Paolo 678
Scheludko, Dimitri 134, 536
Scherner-Van Ortmerssen, Gisela 335
Scholberg, Kenneth R. 307
Schossig, Alfred 143
Schuchard, Barbara 178
Schultz-Gora, Oscar 115, 736
Schumann, Otto 822
Schutz, Alexander H. 3, 307, 383, 632, 731
Schwarze, Christoph 650, 705, 856
Seagrave, Barbara G. 869
Segre, Cesare 707, 740
senhal 534

Serper, Arié 451
Sesini, Ugo 520
sestina 321-3
Shedd, Gordon M. 657
Shepard, William P. 2, 8, 306, 478, 687
SICART DE FIGUEIRAS 732
SIMON DE MONFORT p. 111
sirventès 102, 214-18, 352
sirventès-canso 217
sirventès-joglaresc 218
Sitarz, Beata 365
Smith, Nathaniel B. 198, 345, 563
Sola-Sole, Josep M. 638
Solano, Louis F. 550
solatz 177
Solms, Elisabeth de 737
SORDEL 480, 507, 559-61, p. 136
Soutou, André 739
Spanke, Hans 135, 424
Spina, Segismundo 53
Spitzer, Leo 410, 468
Spoerri, Theophil 417
Stäblein, Bruno 248
Stern, Samuel M. 125
Stimm, Helmut 5
Stimming, Albert 349
Stone, Donald Jr. 471
Storost, Joachim 445
Straka, Georges 827
Stronski, Stanislaw 350, 388, 392, 635
Sutherland, Dorothy R. 144, 179, 199
Suwe, Ingegärd 744
Switten, Margaret L. 526, 527, 548

Tavani, Giuseppe 374, 691, 831, 844
Taylor, Pauline 700
Taylor, Ronald J. 868
tenso 102, 219-21, 372

Terracini, Benvenuto 495
TERRAMAGNINO DA PISA 691, 693
Terry, Arthur 829
Thomas, Antoine 366, 663, 736
Thomas, Lucien-P. 689
Thomas, Wesley 869
Thouzellier, Christine 881
Toja, Gianluigi 312, 315, 835
Topsfield, Leslie T. 113, 167, 408, 419, 464, 502, 546, 547, 549, 654
TRISTAN *(senhal)* 534
TRISTAN (héros de roman) 364, 651
trobairitz 115, 116
trobar 127
trobar clus 52, 202-7, 317, 449, 451, 536, 563
trobar plan 451
trobar ric 371
Tyssens, Madeleine 35

UC CATOLA 495
UC FAIDIT 695
UC DE SAINT-CIRC 562, 563, p. 117

Vaissète, Joseph 871
valor 178
Van den Boogaard, Nico H. 741
VanderWerf, Hendrik 243
Van Ginneken, Jacques 449
Varvaro, Alberto 552, 556, 875
Véga, Carlos 249
Vellutello, Alessandro 11
vers 213
versus 132
viadeyra 376
vidas 180, 632-5
Vincenti, Eleonora 11
Viscardi, Antonio 71, 117, 356

Voretzsch, Karl 736
Vuolo, Emilio 459

Wakefield, Walter L. 878
Walpole, Ronald N. 474
Walsh, Patrick G. 823
Walther, Hans 824
WALTHER VON DER VOGELWEIDE 216
Wartburg, Walther von 59
Weigand, Herman 659
Weinrich, Harald 543
Westrup, Jack A. 242
Wiacek, Wilhelmina M. 64
Wilhelm, James J. 114, 318

Woledge, Brian 229
Wolff, Philippe 870
Wolfzettel, Friedrich 837
Woll, Dieter 443
Wunderli, Peter 746, 747

Zaal, Johannes W. 738
Zade, Lotte 469
zadjal 42, 124, 130
Zenker, Rudolf 390, 501
Ziltener, Werner 200, 332
Zink, Michel 225
Zorzi, Diego 466
Zuffery, François 301, 430
Zumthor, Paul 186, 201, 487

Toronto Medieval Bibliographies

Editor: John Leyerle
Centre for Medieval Studies, University of Toronto

1
Old Norse-Icelandic Studies
Hans Bekker-Nielsen, Editor, *Mediaeval Scandinavia*, Co-editor of
Bibliography of Old Norse-Icelandic Studies and of *Den Arnamagnæanske Kommissions Ordbog*, Odense University

2
Old English Literature
Fred C. Robinson, Department of English, Yale University

3
Medieval Rhetoric
James J. Murphy, Chairman, Department of Rhetoric,
University of California (Davis)

4
Medieval Music: The Sixth Liberal Art
Andrew Hughes, Faculty of Music, University of Toronto

5
Medieval Celtic Literature
Rachel Bromwich, University Reader in Celtic Languages and Literature,
University of Cambridge

6
Medieval Monasticism
Giles Constable, Director, Dumbarton Oaks

7
La Littérature occitane du moyen âge
Robert A. Taylor, Department of French, Victoria College,
University of Toronto

www.ingramcontent.com/pod-product-compliance
Lightning Source LLC
Chambersburg PA
CBHW020414080526
44584CB00014B/1324